ミシェル・アジエ

移動する民

「国境」に満ちた世界で

吉田 裕◉訳

藤原書店

Michel AGIER

LES MIGRANTS ET NOUS

COMPRENDRE BABEL

This book is published in Japan by arrangement with CNRS EDITIONS,
through le Bureau des Copyrights Français, Tokyo.

本書を読む前に——訳者解説にかえて

『移動する民』というタイトルを持つ本書は、日本でも強いインパクトを与えた出来事について語っているが、その背景の把握は日本ではまだ馴染みのない視点からなされているし、また著者の邦訳も初めてのことではあるので、基礎的な情報を提供し、かつ翻訳の立場を明らかにして、理解の補助となるようにしたい。

本書は、Michel Agier, *Les migrants et nous - comprendre Babel*, CNRS Editions, Paris, 2016（直訳すれば「移動民と私たち——バベルを理解しよう」）の全訳であり、それに日本語版のために寄せられた論文が追加されている。ミシェル・アジエは、一九五三年生まれ、民族学および人類学の研究者で、現在はパリの社会科学高等研究院EHESSの研究指導教授であり、ヨーロッパの都市でのまた中東やアフリカでの現地調査に、あるいは国境開放などの運動に実践的に関わっている。国境なき医師団の理事会メンバーでもある。彼の関心は、人間とは動くものであるということに、そしてグローバリゼーションによって加速されたその動きの中で、他者、他の文化、他の社会に衝突しながら、人間がどのように変化するか、また同時に、その衝突を受けた側の人間、文化、社会がどのように変化するか、ということに向けられている。主著の一つでもあり、また本書の直接の出発点となっている著書に、Michel Agier, *La condition cosmopolite*〔コスモポリットの条件――同一性の罠に耐えうる人類学〕, Paris, La Découverte, 2013 がある。

二〇一五年のヨーロッパの経験

この小さな著作の中心にあるのは、ユーラシア大陸の東端の住人である私たちにも大きな衝撃を与え、なお深い記憶を残している、二〇一五年の一連の出来事である。この年、アフリカから地中海を渡って、また中東からバルカン半島を越えて、難民と呼ばれる多数の人々がヨーロッパに押し寄せた。この動きは、やって来た人々の間には、数千を数える死者をもたらし、彼らの到来の地となったヨーロッパの社会には、受け入れと拒否をめぐる混乱を引き起こした。この動きは一九九〇年代末に始まって二〇一五年がその頂点となったのだが、まずは難民と呼ばれた外国人のこの大量の流入は、これまでの見方によっては理解し難いものだった。多くの場合、人々は、ただそれを政治的な対処の問題として応じることしかできなかったように見える。つまり、難民をどのように救助するか、キャンプ地をどれくらい設置し、どの国がどれくらい受け容れるか、費用はどのように分担するか、そしてどのように送還するか、などが対応すべき問題だという発想しか持ち得なかった。

むろんそれらは不可欠な対応だったが、それら政治的視点からの発想に対してアジエが提起しているのは、彼の言うところでは、人類学的な発想であり、移動がなぜ起きるのか、そして接触は現場で実践的には何をもたらすかに注目することだった。彼はグローバリゼーションが、見たところ国境を消滅させるようでありながら、同時にいくつもの別種の境界と差別を露呈させることを明らかにし、人々が意図してあるいは強制されてそこに留まることで、ある種の変容が引き起こされることを明らかにする。移動して来る人々は、たいていの場合そう思われているけれども、自分のアイデンティティを持続させて侵入してくるのではなく、それを変容させ失いつつ移動してくるのであり、それは反対側では、定住して移動を受ける者たちのアイデンティティも変えていくという変容を引き起こす。その出来事に的確に応じることの困難を認めた上で、彼は国境の状況を検討する。そして動きの結果として、変化は、国民というアイデンティティと近代国家という枠組みを揺るがせる——少なくとも相対化する——作用を持つであろうことまで推測する。同時にこの研究は、人間はなぜ移動するのか、という原点に向かっても深化する。この側面は表面ではさほど主張されないが、「可動性」が言及される時、それは人間はそもそも移動するものだ——最初の人類は数百万年前に東アフリカで誕生して世界中へと移動したように——ということが含意されているように見える。

このような見方は、日本にないとは言えないが、現実性を持って実感されるところまでは来ていないだろう。二〇一五年を頂点とする一連の動きの報道の中で、政治的以外の見方が提示されることも少なかった。だが、人間のこうした動きは、これから先、私たちに無縁のままではないだろう。フランスあるいはヨーロッパは、その困難な問題にたしかに先行してぶつかっているのであって、その経験についての考察は、翻訳紹介する意義を持つだろうと考えた次第である。

具体的には、『移動する民』の元々の本は、手帖ほどの大きさで六〇ページほどの薄い本で、もともとは二つの論文に「はじめに」と「結論」を加えて構成されていた（本訳書における第Ⅰ部）。二二頁の初出情報によるなら、それらは二〇一五年の末と二〇一六年はじめの講演が元になっていて、主に移動してきた人々の経験に立ち会おうとする視点から書かれたものである。その後、日本での邦訳刊行に際して、受け容れた側の人々がどのように応じたかに視線を向けた論文（本訳書における第Ⅱ部）――原注によるなら二〇一八年の講演を元にしている――を追加してもらって一冊の訳書とした。

三つの主要な訳語について

移動の波という新たな出来事への関心は、新たな見方に基づく新たな用語をいくつか必要としている。その基礎的な部分を、できるだけ簡潔に提供しておきたい。三つの論文はそれぞれ明確な論文であって、一つの論文は重要な一つの主題にほぼ基づいている。それらに関わる訳語の選択をあらかじめ説明しておこう。

第1論文「移動民たちに動機は存在するか？」で提起され、詳細に問われ、さらに全体を通じて主題となるのは、生育地を離れて移動してくる人々である。こうした人々を捉えるのに、フランス語では、おもにimmigré（イミグレ）、réfugié（レフュジエ）、migrant（ミグラン）という三つの用語が使用されている。その使い分けについては、「言葉は重要である」（六二頁）とされた節で明快に説明されている。最初のimmigréは通常「移民」と訳され、労働に従事する目的で他国からやって来た者を指す。フランスでは、二十世紀半ばまではヨーロッパ各地から、それ以降は主に北アフリカからやって来た労働者のことである。二番目のréfugiéは「難民」と訳され、政治的・経済的・環境的な危機を避けて安全なところに移動した人々を指す。ヨーロッパでは、ロシア革命、ナチ政権の成立、スペイン戦争、第二次大戦、そして戦後のハンガリー動乱などから、地球規模では、パレスチナ問題やロヒンギャ問題の場合に、多くの難民が発生し、そうした人々は、法的な認知を受けることがあり得た。

これに対して本書の主題となるのはmigrantであるが、それは前世紀末から始まり今世紀にかけて、北アフリカおよび中東から特定の理由も目的地も持たずにヨーロッパを目指した多数の渡航者のことを指すのに使われ、移民や難民とは区別される。この区別は重要だとアジエは言っているが、逆に見れば、区別はフランスでもまだ定着していないのだろう。弁別のなさは、日本ではそれ以上であって、こうした人々は、移民とは言われないにしても、「難民」という用語で一括され、個別の定訳がないようだ。一連の出来事について、現在のところ日本でのもっとも優れた概説書であるのは、墓田桂『難民問題』（中公新書、二〇一六年）だろうが、そこでは、こうした人々は「非正規移動者」と呼ばれている。この表現を借用しようかとも考えたが、「移民」「難民」との対比を意識して「移動民」という訳語を充てることにする。この捉え方はさらに、南米から北上して合衆国を目指す人々の動きまで視野に入れることになるだろう。当然ながら、これら三者は截然と区別されるものではなく、移動民は、多くの場合、移民の要素も難民の要素も持つ。また移動民を捉えるのに、視点を変えて étranger「外国人」、exilé「亡命者」、déplacé「追放された者」などの表現が使われる。これらの用語については、一貫した訳語を充てることを心掛けるが、できない場合もある。なお本書のタイトルとした「移動する民」は、移動民という訳語が馴染みが薄いことを考慮して、説明的にしたもので、もとは同じ migrant という言葉である。

次は第2論文「新たなるコスモポリス」の主題となっている「コスモポリット cosmopolite」である。cosmo はギリシア語で「宇宙・世界」を意味し、polis は同じく「都市・都市国家・市民権」を指す。その形容詞形および住人を示す名詞が、英語で「コスモポリタン cosmopolitan」、フランス語では「コスモポリット cosmopolite」であって、英語は外来語となって日本語に入り、かつ「世界市民」と訳され、国境や文化の違いを越えて活動する高度な文化人や芸術家を指し、それなりに定着している。フランス語でもそのような意味を持っているが、本書では従来の意味を変更して、文化的アイデンティティや民族性を奪われかつ失って、国境を越えていくあり方を指すのに使われる。この語はほかにも多くの派生語を持っているが、それらとの対比と関連を保持するためにも、原語の音を保持して、カタカナ表記としたい。

それらの派生語のなかで重要な意義を付与されているのは、cosmopolitisme と

cosmopolitique の対比だろう。この対比において、前者は歴史的社会的な様々な様態の総体を、後者は想定されるその本性を指す。-isme はもともとは、制度・主張・職業・特性などを表し、日本語では主義と訳されることが多いが、そうすると意味が限定されるので、cosmopolitisme はそのまま「コスモポリティスム」とする。cosmopolitique は形容詞でもあって、そのときは「コスモポリット的な」という訳語を充当するが、性格を抽象する作用を持つので、名詞としては「コスモポリット性」という訳語を充当する。

　こうした検討によって現れてくるのが、「もう一つのコスモポリティスム」だろう。それは具体的には数回現れる「平常性のコスモポリティスム cosmopolitisme ordinaire」という表現に集約されているようだ。この表現は、それまであったエリート主義的なコスモポリティスムが普及することを言っているのではなく、それが終わることのない追放状態のなかで変容し、その変容によって平常の生活の中に浸透し現実化されてきているあり方を述べているのであろう。

　加えると cosmopolitique の後半の politique は、都市の統治の意味を持ち、独立して用いられると「政治」の意味を持つことになる。したがって、cosmopolitique

は、この論文の終わりの部分やまた第3論文に見られるような、「世界＝政治」（九六頁）を含意する。こうした用語の間の関係を日本語の訳文に正確に反映することは難しいが、原語の音を保持することで、いくらかでもつながりが推測され易いようにする。

さらに推測を進めるなら、コスモポリットという表現は、フランス語での市民citoyen（シトワイヤン）という表現に対比されているのだろう。後者はフランス共和主義と国民概念の根幹をなす考えで、宗教、文化、習俗などのあらゆる違いを私的な領域に入れ、平等で対等な存在として統治という公的な活動に参加する人間のことである。本文中でも言及されているが、移民の場合も、フランスに到着するとこの原則を受け容れることが求められた。これは同化主義と呼ばれる。しかし、視点を変えると、それは一方的な要求であり、また平等な人間というアイデンティティに従えということでもあった。それに対してコスモポリットは、相互的な交流を重視し、アイデンティティというあり方そのものを疑問に付し、少なくともそれが変化することを認める立場である。そこには国民国家と相即する、フランス的なまたヨーロッパ的な市民の概念を逸脱するものが予見されているのだろう。

最後に第3論文「ヨーロッパにおける歓待とコスモポリティック性、その今日と明日」の標題となっている hospitalité（フランス語でオスピタリテ、英語でホスピタリティ）に注目しよう。これは日本語の「もてなし」に近く、遠い土地からやって来た旅人に避難所、宿舎、食事を提供する行為を指す。この言葉は現状では、観光客の接待のように使われているが、本来は、共同体的宗教的行為である。日本では神々が年ごとに訪れて豊饒や幸福をもたらすという「まれびと」信仰があり、フランスないしヨーロッパの伝統でも同様の信仰があって、キリスト教時代には、巡礼に対する宿所や食事の提供がこの名前の下に行われた。

この「もてなし」の意味でのオスピタリテは、日本語への翻訳では、「歓待」の語が充てられている。この訳語は、バンヴェニストの『インド＝ヨーロッパ諸制度語彙集』の翻訳（原著刊行は一九六九年、前田耕作他による邦訳は八六年で、「客人歓待制度」という章がある）や、デリダの『歓待について』の翻訳（原著刊行は一九九七年、廣瀬浩司による邦訳は九九年）などを通して、かなり定着しているように思われるので、本書でも採用する。ただ、これらの著作でも当然そうであるのだが、本書でもこの言葉の背後の蓄積が強く意識されているようなので、その点を、語学的な知見を参照することで確認しておきたい。

受け入れをまずは意味するhospitalitéという言葉の周囲に、hotêl（ホテル、建物）、hôpital（病院、慈善施設）、hospice（救済院）など、意味を共通させるらしい表現があることは、容易に気がつくだろうが、その形成をさぐるなら、次のようであるらしい。始まりにあるのはラテン語のhos-tisであって、「未知で任意の誰か」を意味する。それが俗ラテン語、さらにフランス語に受け継がれてhôteとなる過程を通じて、異国人同士の間での出会いを指すことになり、その出会いの中で、訪れる者と受け容れる者に意味がずれ、さらに好意が勝る場合と敵意が生じる場合という相反する二つの意味合いに分岐したのだが、現在のフランス語にもその痕跡は残されている。前者の分岐によって、hôte（女性形はhôtesse）は、主人と客人の両方の意味を持ち、後者の分岐によっては、hospitalité（歓待）とhostilité（敵意）という相反する意味を持つ二つの言葉が生じた。そしてその途上で、最初に挙げたようなさまざまの語を作り出した。

だからオスピタリテ＝歓待という言葉を使う時、その背後には、異国人同士としての人間の出会いがあり、友情と敵意の交錯がある。「危機の時期における敵意と歓待」（二三九頁）と題する節は、その交錯を取り上げることを明示している。そしてこの交錯を、理念的にだけでなく、二十一世紀の混乱を深める現実の中に、その参与者たちつまり移動民をコスモポリットと呼びつつ再認すること、それが一つの出発点になる、という考えがそこに見えてくるように思える。

付言すれば、これらの用語に集約される関心は、アジエ一人のものではない。そのことは、原注や参考文献に挙げられた書名・論文名にそれらの用語が数多く現れていることからでも見て取れる。人類学や社会学だけに限られず、哲学、政治学、文学、映像等のさまざまの領域で同じ関心が作動しているらしいことが推測される。ことほど左様に、現在になっていっそう露わになってきた人間の「可動性」という性格と、そこから始まる「移動」という運動は、さまざまな領域で思考し活動する人々の関心を引いているようだ。訳者としては、この動きを背景に意識してこの明晰で簡潔な書物を読んでいただければ、と願うばかりである。

訳　者

移動する民　目次

移動する民
――「国境」に満ちた世界で

凡例

一　原注には（1）（2）……の印を付して各章末に、訳注には＊、＊＊…の印を付し、当該段落末に置いた。
一　訳者による補足は〔　〕で本文に挿入した。
一　原文におけるイタリックは、強調の場合は傍点を付し、非フランス語を示す場合は何も付さないか、必要に応じて振り仮名を振った。
一　原文における《 》は「　」にした。
一　引用部分に既訳がある場合は、既訳を参照しつつ、文脈に応じて訳し直した。

第I部

この著書のみなもとには、二つの講演がある。「移動民たちに動機は存在するか?」は、二〇一六年二月一日に、アルクイユ市のアニス・グラ*で開かれた市民大学でなされ、討論に付された。「新たなる『コスモポリス』、現代世界の紛争の対象としての国境」は、二〇一五年十月二十七日に、ブラジルのミナス・ジェライス州のカサンビュ市**で、ブラジル社会学会の第三九回年次総会でなされたものである。二つの講演とも、今回の出版のために、見直され発展させられている。後者は、二〇一六年四月に、「バベル、国境としての都市。都市は移動民たちに対して何を為すか? 移動民たちは都市に対して何を為すか?」という標題の研究プロジェクトが検討され開始されるにあたって書き直された。このプロジェクトは、国立研究支援機関(ANR)によって選抜され、支援を受けている。この本は、このプロジェクトに対して、小さく個人的な貢献にすぎないとしても、こだまを返すものである。

* アルクイユは、パリ近郊ヴァル・ド・マルヌ県にある町。アニス・グラは、そこにある歴史的建造物の名前。
** ミナス・ジェライス州は、ブラジル南東部に位置する州で、カサンビュはその中にある町の名前。温泉で知られる。

はじめに　ヨーロッパの政治上のある瞬間《モメント》

二〇一五年を通じて地中海が舞台となったドラマティックなもろもろの出来事は、国境および移動という問題についてのヨーロッパ的な意識に、ひとつの敷居を越えることを強いた。実際、ヨーロッパ国境での死者は、一九九〇年代の終わりから多数――公的評価によれば二万五千以上である――に上っている。そして毎年毎年、年を重ねるごとに、地中海は、越え難い壁ではなく、危険度を増す壁となった。バルカンの地も同様だ。ただ二〇一五年というこの年の溺死者と死者は、おそらくは飽和状態に達したという印象を与えることによって、先立つ年々よりももっと、人間的な「破局《カタストロフィ》」が起きていると考えさせた。

二〇一三年十月にはランペドゥーサ島〔イタリア最南端の島〕の近くで三六六人の溺死者があった。二〇一四年九月にはマルタ島〔シチリアの南にあるマルタ共和国最大の島〕の沖合で五〇〇人以上の死者があり、二〇一四年全体では三千五百人の死者があった。二〇一五年四月十二日から十九日の間に、三つの難破事故により少なくとも千人の死者があり、その年全体では四千人近い死者があった。二〇一六年の最初の六ヶ月に国連難民高等弁務官事務所によれば、地中海で二八一四人が死亡したとのことである。

これらの出来事は、ヨーロッパが世界の外にいるのではないこと、いやそれどころか、地球規模で見るなら、継続する戦争と危機の中にもっとも広く巻き込まれている土地――シリア、イラク、アフガニスタン、エリトリア、南スーダン、リビアなど――にむしろ近接している、ということを思い出させた。まさにこれらの地域から、近年は、最大多数の移動民と保護申請者がヨーロッパを目指してやって来ている。政治的、社会的、環境的、あるいは経済的に危機にあるほかの地域――西、中央、あるいは北アフリカのような――から別の人々が到着し続けているとしても、前者が最大多数ではある。二〇一五年全体を通じて、ヨーロッパ委員会によるなら、一〇〇万の人々がギリシアとイタリアの国境地帯に到着し、ヨーロッパ連合の国々全体で一二〇万件の保護申請が提出されたようだ。諸政府は、とりわけフランスにおいては、まず安全保障を語る言語とその政策の虜にとどまり続け、ヨーロッパ人は自分の中に閉じこもることが出来るという幻想を保持し、そのゆえに世界に対する一種の無関心の政治を作り出そうとした。だがその時、市民たちと諸支援団体《アソシエーション》は行動を起こし、移動民たちを援助をし、歓待を実行した。けれどもこの参加活動は、政界やメディア領域において実際に知られることはなかった。フランスにおいては、カレーで二〇一五年四月に移動民と保護申請者たちが町の外にあるキャンプ*に強制的に再集合させられたが、そのことによって、地域の支援団体《アソシエーション》と追放された者たちとの関係がより困難なものにさせられた。

＊ 移動民たちが集結する場所についてもいくつかの用語があるが、基本的に次のように訳する。「camp キャンプ」「campment 野営地」「squat 不法占拠地」。frontière については、文脈に応じて「国境」あるいは「境界」とする。

一つならざる見出しがつくような不安定なこの風潮の中で、決定的な二歩目が書き込まれた。二〇一五年八月二十五日に、ドイツは、すでに自国内にいる一四万のシリア人の保護申請を好意的に扱い、ヨーロッパに入域したときの国々に送り返す——それはヨーロッパの保護規則が求めていることである——ことはしないと、そして同様に、これからの二年間に新たに八〇万人の申請を受け入れると、決定した。ドイツ首相アンゲラ・メルケルは、かくして一撃で——少なくともわずか数日の間に——、ヨーロッパの国々の日程表《アジェンダ》と、とりわけその言説を変えてしまった。ヨーロッパとしての決定を待つことなしに先例を作ることで、次いで難民の割り当て政策を弁護しつつ「おのおのの人間存在の尊厳」を敬するよう呼びかけることで、そして最後に他の国々に、ヨーロッパ連合の様々な加盟諸国の間で分担するという原則に同意するよう促すことで、ドイツはその日、ほかのヨーロッパ諸国に強いシグナルを送った。ドイツが示したのは、ヨーロッパで一般的に望ましくないとされている国境の通過を合法化することで、人はヒューマニストであると同時にリアリストであることが出来る、ということだった。ドイツがさらに示したのは、排外主義的な右翼からの脅迫を理由として振りかざすのは政府の側のまやかしであるということ、逆にこの脅迫に対して、歓待の言葉と振る舞いで応えることが出来るということだった。このような言葉と歓待だけが、ある者たちが持つ可動性《モビリティ》を他の者たちにとっての難問としてしまわないことを可能にする。

二〇一五年八月終わりのドイツのこの姿勢の表明に続いて、ことは加速され、かなり驚くべきやり方で進行した。市民による、支援団体による、また地方共同体による連帯の動きが人々の耳に届くようになり、人々は、これら連帯の動きが報道によって、さらに社会的つながりの上で受け継がれていくのを見ることになった。政治党派は、政府も同様だったが、移動民たちの受け入れに関して、何ごとかを好意的に言うよう催促されることになった。ついで人々の感情は、二〇一五年九月三日に拡散されたあの写真、トルコの海岸で死んだ一人の子供〔シリア移民の子供アイラン・クルディちゃん〕の写真によって一挙にかき立てられ、その感情は、好ましからざる「外国人」という幻影の形象の覆いを切って落とし、連帯の感情を高揚へと解き放った。これら名前のない「移動民」たちは、私たちに似ているかもしれない――ちょうど小さいアイランが私たちの子供の部屋で丸くなって眠り込んでいることがあり得たように。この瞬間に表明された移動民に対する連帯意識の高揚はしばしば、写真によってかき立てられた感情だけに原因があるとみなされている。しかし、この感情がかくも多くの人々を動かし行動に立ち上がらせるためには、それ以上の何かが必要だった。他方で、死んだり傷ついたりした子供の写真が、この写真の前にも後にも何十枚となくメディアに拡散されながら、なんの反応も起こしていないということがあるのだから。この「それ以上の何か」とは、数日前に決定されたドイツの姿勢によって作り出された政治的コンテキストであり、そして先立つ数週間の間に生じていた、状況に直面してより人間的な回答を求める、政治上の、社会上の、またメディア上の雰囲気である。

こうしたことのすべては、ヨーロッパ的な本物の政治的な瞬間《モメント》というものを存在させた。根本的な変化の数日が確かに起き、それらの日々の間に、ヨーロッパは、ヨーロッパとして存在し始めた。というのも、人は、他者に向かって自分を開いたときほど、自分自身であることはないからである。

もちろん、そんなことは数日しか持続しなかった、とあなたは言うだろう。二〇一五年の九月の終わり以来、本物の難民と偽の難民を区別し、「風穴」を作らず、「世界のすべての悲惨」を受け入れることはできない、という口実の下に、また自分たちを世界中の誰もが来たがる黄金郷《エル・ドラド》だと見なす、少しばかり自民族中心主義的な原則に従って、さらに同じほどに、人道上の緊急事態に直面し、それによって自分たちが乗り越えられてしまうのではないかと恐れて本物のパニック状態に陥った何人かの統治者たち――そしてそのパニック状態は統治される者たちにも跳ね返っていた――のもたらした効果の下で、後退は急速かつ暴力的なものとなった。壁と鉄条網はより多く、抜け道はより少なく、キャンプはより多く、歓待はより少なく、「統治」の基盤として振りかざされる恐怖はさらにより多く、というこの方法は、「ほかに選択肢はない」と述べること(それは There Is No Alternative の意味でTINAとも呼ばれた)から構成される。またこの方法は、統治する者たちが欲するのとは別のものごとを社会のある一部が言おうと欲するときには自らの考えを表明できる、という政治のあり方を、妨げることになる。けれども私が保持したいのは、まさに統治の通常業務――安全への不安、自己への閉じこもり、キャンプという解決法など――への回帰の直前に見出される、あの政治的な瞬間《モメント》のことである。「仮説による歴史」という方法があって、いつからか前面を占めてきた明証的とされるものを、それは別様であり得たかもしれないと示して相対化することを可能にするのだが、このようなやり方にいささか倣って、ヨーロッパ規模で起きたあの歓待に溢れた日々を冒頭に銘として引いておこう。それは二〇一五年八月終わりから九月はじめにかけての、言葉使いが変化していった短い一週間のことであって、この一週間は、自分自身は中心にいるという思い込みから私たちが外に出て、今生きているこの世界を観察するのを助けることが出来る。

私は一五年以上前から、世界中のさまざまの地点で、生活する土地から強制移住の状態にある人々、難民、それに移動民（彼らのうちのある者は「非合法」と見なされている）のところで調査を行い、彼らが横断してゆく土地で、またしばしば住み着いてしまう場所（キャンプ、仮設の野営地、道路のへり、あるいは不法占拠地）で、どのように生活しているかを見に行くことがあった。それは国境、可動性、また移動に関する人類学的調査の領域であるが、私はそれを人間のグローバル化と、コスモポリット的な新しい状況に結びつける。こういった場所こそが、「そこから私が話す場所」である。この場所つまり可動性と強制移住の世界から出発して、私は、移動民たちを眺めるもろもろの社会を観察する。この小さなエッセイで提起される問題、それは「私たち」、定住者の「私たち」、「彼ら」移動民たちを見つめてそこにいる私たちである。そして、私たちが彼らと一つの関係を結ぶ（あるいは結ばない）時に用いる言葉と思想である。

この関係は、数年来、変容してきている。「南」の国々と「北」の国々は今や、明らかに結び付けられている。観光客（北から南へ向かう）と移動民（南から北へ向かう）の間の行き交いは、ほかにもたくさんある証明の一つにすぎない。地球規模で見るなら、この二つの部分は、エミール・デュルケムが二十世紀の初めに語った「有機的連帯」の意味で、連帯のうちにある。デュルケムがそれを語ったのは、どの複合的な社会もが持つ基盤を叙述するためだった（「連帯」する感情と行動の向上のためではなかった）が、この連帯は、今日グローバルなものになった複合性のことである。

ヨーロッパ人の生活の中に、脅かすようなそしてしばしばドラマチックなやり方で、移動のイメージが、破局《カタストロフィ》のかたちの下に、また公共的な論争を引き起こすようなかたちの下に侵入してきて、そのとき、通常は大なり小なり遠い研究の現場から発せられて移動の世界の上に注がれていた問いが、多くのヨーロッパ人に対しても提起され始め、テレビ画面上および放送電波上に現れ始めたのだが、そのことには、何の驚きもない。これらの問いは、ある種の移動民の受け入れ、拒絶、拘置についての、またヨーロッパ人のアイデンティティの中での外国人の場所についての、また移動民と世界と私たちの間を関係づける可能性についてのものである。この関係づけは、先ほど述べた有機的連帯の原則によるが、同じほどに、「定住者」と「遊牧民《ノマド》」がはるか以前から、接近しまた離反しつつ形成してきた、社会制度的また政治的な選択にもよる。これらの問いを取り上げ直すように私を導くもの、それはアフリカで、中東で、あるいはヨーロッパ南部で移動中の人々との間にあった出会いと、「移動による危機」に関して最近の時期にフランスとヨーロッパが持った不安である。虚しい憤り以外の何かがあるのだろうか？　定住者たちは「アウトサイダー」たちをどのように見ているのだろうか？　こちら側の者たちとあちら側の者たちの間に、どんな関係が打ち立てられるだろうか？　恐怖と憐愍《れんびん》の間で、つまり一方に安全と限度と国境の必要があり、他方にカオスとなった世界の犠牲者に対する救援の義務の感情がある時、二つの間で分かち持たれつつ普遍的であるような原則のための余地は、あるのだろうか？　移動民から面倒な問題を作り出すのではなく、すべての人々にとっての立場——共通の世界を了解し、欲望することに向けて私たちを前進させる試練という意味で——を作り出すような原則、そのような原則のための余地はあるのだろうか？

移動民たちに動機は存在するか？

表題のような問いを提出すること、それはヨーロッパで移動民また難民の問題に関して、彼らがより良い待遇を受けられるよう、またより人間的な扱いを受けられるようにと、あれこれのやり方で活動している人々の代わりに語るためではないし、あるいはその名において語るためでもない。またやはり、その人々に、自分たちが何の名において、どんな理想と価値のために参加しているかを述べて回答するように促すためでもない。何人かの社会学者や政治学者たちは、この主題について調査を行い、その仕事をよくやり遂げている。私がとりわけ考えるのは、ジョアンナ・シメアン〔政治学者〕の「サン・パピエ*の動機」に関する研究であり、より最近では、マチルド・ペット〔社会学者〕の「外国人の動機」である。(1) これらの二つの場合、「動機」は、諸運動と支援団体《アソシエーション》による実践を通して研究されている。動機とは、この視点からは、もろもろの活動それ自体のことであり、問いへの回答は「活動家たちの軌跡」の上に根拠づけられて、関与の論理を明らかにするが、その論理はとりわけ普遍主義的な宗教の、あるいは左翼の政治諸党派の論理である。そのことは私たちにすでに、この行動への決意に何やら人道主義的な次元のあることを告げる。私の論旨は、正確に言えば、おなじ考察領域の中には位置しない。私は、二〇一五年にヨーロッパで行われた議論のなかで至るところに現れた一つの問い、地を這うようなやり方で提出され、ある人たちまたほかの人たちには完全には受け入れられなかった次のような問いから出発する。つまり、以下のような人々のために活動に関与しなければならないとしたら、人は何の名においてそうするのだろう、という問いである。その人々とは、正確には「移民」でも、「サン・パピエの労働者」でも、また「政治的難民」でもなく、移動民である人々、つまり運動の状態にあって、多かれ少なかれ国境で堰きとめられ、多かれ少なかれ放浪者であり、しばしば制御しがたく、一般的にはほとんど不可視で、そのかわりドラマチックで「例外的な」かたちの下にのみ現れるような人々である。その日々の生活が私たちの生活からあまりに遠く、けれども同時に身体的にはあまりに近く、すなわち侵入者と言えるほどの人々、私たちとは異質で、受け入れ国に対して自分を統合させる場所も、方策も、理由も持たないために異質であり続けるに違いない（あるいはそう望んでいる）と見える人々、そういった人々に対して、私たちはどのようにすれば連帯していると感じられるのだろうか？

＊　フランス語で「書類なし」を意味する。正規のパスポート、入国査証、労働許可証などを持たない不法移民を指す。

一つの動機について、それは何であるか、それは何であり得るのかを言うでもなく、またその定義を与えるでもなしに、その存在についての、その可能性についての問いを提出するのは、奇妙なことに見えるかもしれない。事実をいうと、この問いは、二〇一五年のヨーロッパでの見聞を直視した時の、一連の驚き、混乱、憤りから結果したものである。最後には、正常とは何だろうという問いが来る。権力によって市民たちに与えられる、あるいはメディアによって「世論」に与えられる処方はどんなものだろう？　受け入れ、それとも拒絶？　「ようこそ」か、それとも「私のところはダメ」か？　中へ、か、それとも外へ、か？　「私たち」と移動民たちの間に、参加、関与、連帯、あるいは用心という視点から見るなら、不確実な関係が作り上げられてしまっている。

ヨーロッパ市民の各々は、自分たちが何において関わっているかを知り、そしてどこまで関わっているかを感じることが出来ていたのだろうか？ 加えるに、なにがしかの矛盾を来している現状の中で、移動民たちの「動機」の向かい側にいる者については、正体が十分に突きとめられていない。これら「他の人々」について語るとき、人は誰のことを語っているのか？ そしてどんな関係が「私たち」と「彼ら」の間に現存しているのか、あるいは可能であるのか（「私たち」とは、自分のことを、定住し、常在的で、土着的だと主張する人々だが、これらの用語のどれも正確ではないし、「彼ら」とは、移動民、亡命者、遊牧民、外国人だが、これらの用語も同様に完全には正確ではない）？

この考察の中で私が使用する「私たち」という用語は、関係によるものであって、民族的、人種的なものではなく、国民的《ナショナル》なものでもない。言葉を変えれば、それはアイデンティティの視点からは誰でもあり得るが、どこかの地に定住し、やってくる人たちを外国人（英語のアウトサイダー outsiders という語の意味においておいて）と見なす男たちあるいは女たちのことである。この視線のうちで、関係性と他者たちに直面したアイデンティティが相互に作用し合う。この視線とこの関係、私はそれらを以下に記述したい。

単独的な移動――諸個人の動機

まず最初に、次の事実を記憶しておこう。つまり、本来的に言って「政治的な」動機――つまり受け入れ側に積極的な連帯を導き出した動機――の記憶に重なるような動機は、もはや存在しない、ということだ。この連帯とは、フランコ派権力の進攻に直面して起こった一九三九年の「退避《レチラーダ》」によるスペイン人難民たちに向けられた連帯、一九五六年あるいは一九六〇年のソ連軍部隊を逃れて来たハンガリー人あるいはチェコ人難民に向けられた連帯、パレスチナ人と西サハラ人難民たちと彼らの国土再獲得のための追放の地における戦いに向けられた連帯、アメリカの支援を受けたピノチェト、ヴィデラ、あるいはメディチの独裁を逃れてきた一九七〇年代のチリ人、ブラジル人、アルゼンチン人の亡命者たちとの連帯のことだが、そのようなものは、もはや存在しない。これらの難民たちは、文字どおり「政治的」難民だった。彼らは自分たちのうちに、自分たちの上に、一つの動機を担い、ヨーロッパという彼らの追放の地で彼らの受け入れ手の支持——集団的なまた個人的な——の下で、機会を得て動機を保持し、受け入れ手たちは、彼らの信念と戦いを分かち持った。一九八〇年代初頭の東南アジアからの難民の受け入れに関しても、いくらか違ったやり方ではあった（人道主義的な高揚が政治的動機と東西関係の亀裂に混じり合っていた）が、おおむね同じだった。四年の間（一九七九—八二年）に、二〇以上の国々——そこには合衆国はもちろん、フランス、オーストラリア、それにカナダが含まれていた——が、国連難民高等弁務官事務所によるなら、六二万三千人のインドシナ難民を受け入れた。この枠組みの中で、フランスは、さしたる悶着なしに、一三万人の「ボート・ピープル」を受け入れた。

今日では、「難民」と呼ばれるにせよ、「移動民」と呼ばれるにせよ、移動中の人々、つまりヨーロッパ東部の国々の国境の柵に向かって群れとなって溢れる人々、またシリア、イラク、リビア、トルコから、あるいはレバノン、エリトリア、スーダン、ナイジェリア、マリ、あるいはモロッコからやって来て、生命の危険を冒して地中海を渡ってくる人々、これらすべての移動民と難民は、集合的な政治的動機を表明してはいない。彼らは個人の塊と見なされている(最大でも、シリア人の場合に見られるように、家族という小さな集合があるだけだ)。彼らは語るべきものとして自分の人生しか持っておらず、ヨーロッパで彼らの話を聴取する人々は、彼らの話について、個人のケースを超える一般的な何かを述べようとすると困難をおぼえる。たとえばこれらの物語が呼び起こす可能性のある政治的動員という視点からしても、そうなのだ。悲惨、不幸、苦痛などの言葉は、もっと自発的に出てくるのだが。

もちろん、こうしたことに対立して、非常に政治的な発言がなされることがあり得る。そうした発言は、移動民たち(「難民」の資格を持っているにせよいないにせよ)に対して行われる現今の調査の中で聞くことが出来る。彼らは、独裁者について、石油や腐敗について、彼らの国や地方(赤道ギニア、スーダン、チャド、クルディスタンなど）を侵蝕してくる外交的協力関係について、語ることが出来る。また諸政府とヨーロッパあるいはアメリカの事業家たちとの癒着について、語ることが出来る。その独裁者たちから、彼らは逃れてきたのだから。けれども、これらの話題は、受け入れ社会の中で、また「支援者」を自認する女性たちまた男性たちの間で、なかなか反響を得ることは出来ない。支援者たちは、自分たちは彼らと出会うために来たが、それは特異な旅程のある時点にいる人々を援助し世話をするためだと考えている。支援者たちはこれらの政治的な怒りについてどうしたらよいのか知らない。するとこれらの怒りは凝固し、強迫観念となり、沈黙する。そしてしばしば逆転されて、亡命という病理学の報告書に組み込まれてしまう。

移動民たちを援助し、彼らの受け入れに好意的な姿勢を取ろうとしてもっともしばしば引き合いに出される理由が三つあるので、それらをもっと近くから検討しよう。それらは苦痛、アイデンティティ、そして差異である。

苦痛の名において——人道的動機

このことは当然、他人が苦しんでいること、そして犠牲者としてのその人に私たちが接近することを、想定させる。それは遍在し先験的に否定不可能な「動機」であって、関与の最初の動きを正当化することの中に、そして犠牲者としての移動民というイメージを作り上げることの中で作用する。この犠牲者は、彼を表象するイメージのフィルターを通ることで、凝固した声のない人間——すなわちすっかり完成してはいない人間（子供）、あるいは衰弱した人間（病人、苦しんでいる人）——となり、そして「私」は距離を置くことで優位にある者となる。憐愍は、人がそのために悲しい思いをしているその他人が苦しんでいること、つまり衰弱していることを前提とする。すなわち死につつあるか、さらには死んでいるか、である。したがってこの他人はもうそこにはいない。私たちは、この分析を発展させて、この感情は他人というものの不在と沈黙を前提としている、と言うことが出来る。トルコの海岸で死んだ子供のイメージの拡散と、このイメージがかき立てた情動は、移動民についての人道的な動機にかかわるこのような着想の全体を集約している。

より一般的には、国境地帯における苦痛と死に関して、数年来出回っている悲嘆のもろもろのイメージは、移動中の不安定な状況の人々に結びつけられ、人間以下のありようという印象を強めている。だがそのことは、反対に自分を「冒険者」あるいは家族にとってのヒーローだと見なしている人々、その物語によって信じがたいほどの勇気と内的な力――それは数々の危険に直面するために彼らに必要なものだった――を証明する人々にとっては、屈辱である。

人道主義的な援助的介入の現場で、しばしば誤解が起きる。すなわち、援助を受ける男たち女たちは先験的に、言うべきこととまたするべきことを何も持っていない、という誤解である。しかし、諍いは数多いし、人道主義ボランティアはしばしば、遠隔地での彼らの任務から落胆して戻ってくる。それは彼らが何も見なかったからである。実際のところ、このような援助的介入の形態の中では、関係を打ち立てることはなかなか難しい。そのことを理解するためには、マルセル・モースが、次いでクロード・レヴィ＝ストロースが社会的交換のもっとも基本的な基盤とした、贈与とそのお返しという贈与の原理に立ち戻ることが出来る。贈与のサイクルは、与え、受け取り、返すという連続する形態を取るが、その中で、受け取るという行為は、関係づけを受け入れることを意味する。したがって、自由で健全な個人からなる社会においては、選択可能《オプショナル》なものであると見なされる。ところで受け取ることは、返すことを含意し、そのことは関係性を引き入れる。けれども、関係が本当に成立するためには、すぐさま返すことのないようにすべきである。すぐさま返すと、生まれたばかりの関係を中絶させてしまうことになるだろうからだ。受け取ることからお返しをすることへの間に作り出される時間こそが、二人の人間の間に関係を可能にし、この時間性のうちでこそ、別の行動と別の言葉が関係を生育させつつ生起し得る。もう一人の人類学者モーリス・ゴドリエは、最近、そのことをよく証明した。ところで、人道主義的な贈与は、どんなお返しの贈与も呼び起こさない。そのようなことを原則的に拒絶さえしている。というのも、それは人道主義的贈与が慈善であるからだ（この場合、それは「神に対してなされる」贈与であって、イスラム教の場合もキリスト教の場合と同様で、受け取る者の固有の諸性格は関係がない）。最良の場合「受益者」たちは「ありがとう」と言うだろうが、そのように言うことが社会的責務でないことを、彼らは知っている。人権の名の下により多くのものまた別のものを求めることで、そしてそれによって関係の内容を深く変化させることで、彼らは関係を政治化することがあり得る。この反応を、「支援者」たちは間違って受け取るか、あるいは理解できないだろう。この反応こそがまさに、対等な者たちの間に関係を打ち立てることを可能にするかもしれないのだが。

このようにして、人道主義的な高揚の中で贈与を行う者（あるいは贈与を取り次ぐ者）は、彼が語り、救おうとし、何を必要としているかを知っていると信じている「他者」に、本当には達することができない。関係の中に欠けているものは、発語の主体であって、それは失踪者の如くである。この失踪のおかげで、人はたとえば、何年も前からヴェンチミリア〔フランス国境のイタリアの町〕やカレー〔ドーバー海峡に面したフランスの町〕の国境地帯で堰き止められている人々が、何を語ったか、プラカードに何と書いていたかを、忘れていられる。そのことについてはもっと後で立ち戻ろう。

これに対して、受け入れは、交換の最後の段階として与えられる、ということを対比させることが出来る。かくして人類学者であるエマニュエル・テレーは、二〇〇〇年代はじめにパリで行われた、サン・パピエの労働者たちを支援する抗議活動の際に、次のように述べた（私は記憶で引用する）。「私が外国人の受け入れを擁護するとしたら、それは非常に単純な理由による。アフリカで私が赴いたすべての村々で、私はとてもよく受け入れてもらえた。外に放置されることは決してなかった。私はいつも、寝る場所と食べ物を受け取ってきた。今私は、私が受け取ってきたもののお返しがしたい」。したがって重要なのは、与え、受け取り、返す、ということだ。このような精神の持ち主のうちにおいては、間接的で拡大された交換を想像することも可能である。そのような交換は、ほかの人々と、またほかの場所でなされ、交換のサイクルの中に入り、ついには複合的で、有機的に連帯し、地球をその枠組みとする社会を形成することになるだろう。

相似の名において――アイデンティティという動機

フランスでは二〇一五年九月に、多くのフランス人が、自分自身の来歴を引き合いに出しつつ、国境を開くこと、受け入れを呼びかけることに積極的な反応を示した。アイデンティティの同一視は、たしかに「関わり」を持つことの、そして特別なある問い（たとえば「動機」に関する）についての無関心から自分を引き離すことのひとつの方法ではある。この無関心は、ドイツの社会学者ゲオルク・ジンメルが二十世紀の初めに「倦んでいる人」と呼んだ人間の存在の中で支配的になっていたものである。この人とは、大都市の多様性と共棲しているが、この多様性によってかき乱されることはなく、またそれを通してあるいはそれのために何かに関与することもない都会人のことである。彼においては、自分が見ているものに関わりを持っていると感じて、無関心から行動へと移行するためには、見ているものと個人的な関係を打ち立てることが出来ねばならない。移動民たちを支援するデモ参加者たちはしばしば、「私自身、移動民、難民の息子／娘だ〉と叫ぶ。「動機」はこの場合、〈私の・内なる・もう一人の私〉を具現する他者、またある程度のアイデンティティの同一視を想定させる他者を配慮することである。しかし、どんな同一視も危険性を持っているものだ。というのは、この同一視は最後には主体――つまり語る私のアイデンティティの中に捉えられた彼らの主体――を否定することになるからである。そしてこの語る私のアイデンティティは、移動民たちの動機を私自身の物語の中にどんなふうに書き込んだらよいかを私に教えてくれるようにさえなる。

したがって、この場合、動機の源《オリジン》とその地平にあるのは、アイデンティティである。それは当然ながら、一種のアイデンティティに基づく動機となって、そうしたことに伴うあらゆる罠をもたらす危険がある。

フランス人指導者のうちのある者たちは、このようなやり方で、移動民あるいは難民の息子あるいは娘としての彼ら自身の来歴を価値付け、右記のような動機を擁護してきた。それはたとえば、スペインの移動民の子供であるパリ市長のアンヌ・イダルゴや、首相マニュエル・ヴァルスの場合である。とりわけ後者は、数週間後になって、二重国籍を持つ犯罪者のための国籍剝奪に関して彼自身が呼びかけた討論の場で、自分が二重国籍ではないこと、もはやそうでないこと、ただフランス国籍であり、自分でそれを選んだのだということを、わざわざ思い出させてくれた。これが彼の提案するモデルなのだろうか？　これは統合のモデルであって、他方の国籍を弱めること、つまりその消滅（少なくとも公的な）を想定していて、「同化」――フランス植民地文化の中で生まれた原則――に近い[*]。この場合、アイデンティティに基づく動機がもたらす罠は、なおそこにあって、他者の持つ主体性を否定する。

＊　フランスの植民地政策の基本は、フランス社会の理念と規範を適用することであって、それは「同化 assimilation」と呼ばれた。この原則は移民に対しても適用さ

れたが、一九八〇年代になってそれが十分に作動しなくなった時、一方的に同化を求めるのでなしに社会的一体性をつくり出す方法として、「統合 intégration」の考えが提起された。後者の不十分さも近年指摘されることが多い。

アイデンティティと主体の間のこの葛藤は、移動民の側の社会的あるいは政治的なある種の態度を受け入れようとして、支援団体の活動家たちが経験する困難の中に見出される。彼らは移動民たちを自分たちの所に快く受け入れようとし、しばしば彼らからより多くのお返し、協力、それに集合的な関与、あるいは好意を期待するのだが、そうしたものを見出すことがない。その上、彼らが受け入れた人々は、列車、船、臨時雇いの仕事などの機会が現れると、その日から翌日のうちに消え去ってしまうことがあり得るのだ。

アイデンティティの同一視に関しては、比較され得るようなやり方がもうひとつあって、それは、政治的に急進的と言われる運動、「ノーボーダー No Border」と呼ばれる運動の中に見出される。その運動への関与は、追放に処せられた者たちと、意志をもって自分を社会からの追放状態に置いた者たちとの間で、生活のあり方を見かけ上収束させることの上に基盤づけられる。このようにして彼らは、「周縁性」の二つの異なった考え方――ひとつはより社会的（強いられた追放）であり、もうひとつはより文化的（選択された追放）である――を合体させる。そのことによって、今度は政治的なもうひとつの誤解が作り出されるに至る。というのは、急進性をある瞬間に収束させることが起きる（そしてそのために、自分たちの運命に関する移動民たちのあらゆる抗議は、「ノーボーダー」というこの曖昧な運動に帰結させられてしまう）のだが、その時でも、移動民たちは、社会的にせよ文化的にせよ、自分が周縁的であることを望まない。もし彼らが雨よけシートの下での、あるいは板きれのバラック小屋の中での生活に慣れているとしても、彼らはそれを選んだわけではない。これは数ある誤解の一つだが、それによって、人はしばしば、移動民のあり方と周縁的なアイデンティティとを混同する。

実際、外国人が持つ文化上の両義性――そのコスモポリティスムのひとつの形態である――について、そして受け入れ社会に対する忠誠のあり方について、問いを出すことが出来る。社会学者アルフレッド・シュッツは、彼自身一九四〇年代に合衆国への亡命者であったが、「外国人」に関するあるエッセイの中で、常にいくらか受け入れ社会の「辺境」上あるいは「境界」上にいる外国人が、当然のように自分に課する留保のことを、非常にうまく叙述した。私たちはもう少し後でその点に戻ろう。このような現実は、すべての亡命者およびその子孫までが経験していることだが、国境に長く止まりすぎてそこから出ることに成功しないと、少しずつ錯綜し、苛酷さを増してくる。いずれにせよ、「私たち」を移動民のアイデンティティに同一視することは、限界のところでアイデンティティに基づく罠となり、また他者を対象とするこの自己同一視のどんな欲望も失望に終わるという、受け入れ難い困難をもたらす。

差異の名において——異国性という動機

その批判的社会学の繊細さで知られる社会学者リュック・ボルタンスキは、

二〇一〇年に「ロマ問題」*を警察の問題だとする政令を出したフランス政府の政治的戦略を批判的に分析し、そののちに、彼の論題を、次のような非常に個人的な言葉をあとがきにして締めくくっている。

* ロマ族はジプシーのこと。また次頁に現れる、ツィガーヌあるいはジタンというのは、フランス語での呼称である。

「私は今日、社会的制裁の対象とされている人々、また多くのヨーロッパの国々で、差別され迫害されている人々に対する私の共感を述べることなしに、自分の発言を終えたくない。ここで意見表明をしている人たちの間で、私よりもほかの人たちは、私が出来る以上に、ロマという用語に結ばれたポジティヴな拡がりについて、つまりロマの文化、ロマの音楽、ロマのポエジーなどについて、強調することが出来るだろう。私としては、ロマの人々が持っていないものを皆さんに思い出して貰いつつ、自分の共感を述べることで満足しよう。彼らは原子爆弾を持っていない。彼らは警察も、秘密機関も持っていない。彼らはプロパガンダ機関も持っていない。国境に囲まれたロマ国、ロマの国境警備隊などは存在しない。彼らは決められた一つの宗教に、一つのイデオロギーに、事後的に形成されて栄光に満ちた一つの歴史に対して、自分のアイデンティティを同一視することをしない。ロマの人々は、私たちが目指しているそのものであり、私はあえてそれを希望しさえするが、私たちの未来でもある。[2]」

私は今、こうした言葉にこだわりたい。「彼ら」は、私たちがそうではないところのもののすべてであり、私たちが持っていないものを持っている。私たちが豊富に持っているものは、彼らに欠けているのではない。彼らは「考えるに善き」と言うべき他者性を具現しているのであって、それは互いに認め合うという連帯の源にある他者性である。彼らは私たちが必要としている「他者」であって、掘っ建て小屋あるいは幌馬車に暮らす、ツィガーヌ、ジタンのことである。人々はこの形象に、望まれつつもまた恐怖させる場所としての野営地の形象——「私たち」が持っているもの、私たちがそうであるところのものとは常に対立するもの——を結びつけることは出来る。

この姿勢は、移動民の動機に対して共感的ではあるが、同時に複数の誤解と無理解の源でもある。そこに欠けているのは、個別の来歴であり、移動民と定住者との間の、こちらとあちらとの間の、社会的かつ文化的な交換の目的と場所と時刻である。そのことは現場での研究者、とりわけダナ・ディミネスキュ〔社会学者〕とノラ・ベナロッシュ＝オルソニ〔民族学者・人類学者〕によって明瞭に示された。ロマと言われる移動民たちは、携帯電話のおかげで、またスカイプによる日常の長時間の会話――彼らの目的地の都市と彼らが出発した街や村との間での――のおかげで、もっともよく「つながり合っている」人々のひとつである。彼らは、ここに居ながらあちらで「自分たちの所に」いること、すなわち「二重に現存すること」に成功している。彼らは、ルーマニアの自分の村に投資し、パリ地域から遠距離で仕事をコントロールし、政治上のまた行政上の制約の裏をかいて定期的に往復する。彼らはこのようにして、国家の枠を越えていて、複数の位置づけを持ち、けれどもさほど可視的でない、そんな生き方を作動させる。しかし、こうした生き方は、ほかの人たち、つまり経済的にはもっと安楽で、社会的にはもっと可視的で、好んでコスモポリットと呼ばれたがる人々においても見出される。

移動民を異国的とみなすとは、文字どおりには、遠隔化すること*であるが、その裏をかくためには、相対主義的な姿勢を肯定することよりも、むしろ、文化は相対的性格を持つという事実の確認から出発する必要がある。私が言うのは、生きられたあらゆる状況の持つ相対性であって、それは永遠のものとして前もって与えられる文化的なアイデンティティによっては説明されない。というのも、そこにいる人々は、人が彼らの名前に貼り付ける文化をすでに持っておらず、彼らの文化的な蓄積を改変し変容させてしまっているからである。住み処を新たに替えるそのたびごとに、異なったものと新たに出会うそのたびごとに、彼らの文化的な蓄積はなお変容していく。

＊　異国趣味と訳される exotisme の語頭の exo は、「外」を意味する接頭辞である。

「彼らは私たちとはまったく違うのだから」と言いつつ、私たちは移動民に異国趣味に適合するような動機を見てしまいがちだが、そのことには、差異のある種の審美化、ある分離、そしてついには他者の「物象化」に向かってしまうという危険性がある。他方でこの他者は、そこにいて、諸事実の間に存在し、想像されるような遠く古風《アルカイック》な相貌にまったく呼応しないかもしれないのだ。

叙述を変えなくてはならない

これらの良き動機に対して、また移動民たちのための活動に関与する理由付けに対して、私は対立させるような何かを持っていない。少なくとも、私は、提案すべきほかの動機――それを担う人々に対する敬意を保ちつつも批判してきた動機以上に優れた動機――を持ってはいない。というのも、確信するが、どんなほかの動機も、偏っているという批判を免れないだろうからである。ではほかにどんな回答を持ってこられるだろうか？

世界全体に及ぶ統治においては、一般的に可能な政治的選択はなく、すべては管理、流れ、圧力の問題だと主張されるが、その統治の真ん中で、国際移住機関（ＩＯＭ、Organisation internationale pour les migrants）の事務局長であるウィリアム・レイシー・スウィング氏は、二〇一六年のはじめに、「移動民の流れは……政治的かつ経済的な理由のゆえに避けられない」と語り、「現今の毒の混じった語り方を修正しなければならない[3]」と加えた。

この「毒の混じった語り方」を修正することは、考察を擁護し深める十分な理由となるだろう。「移動民の動機」なるものが存在するかどうか、そしてそれは何であるかという問いかけには、したがって可能な回答は一つしかない。つまり、回答は規範論的なまたは地政学的なもの（それらは統治機構と権力の行使に関わる）ではなく、認識論的なもの（知ろうという意志とその方法に関わる）である、ということだ。

この提案は、国際移住機関の事務局長の悲しい観察からさほどかけ離れてはいないが、おそらくより正確で、より根本的である。すなわち必要なのは、叙述を変え、考察を最初からやり直し、その考察を行動の前提条件とすることだ。それによっておそらく、誤解、落胆、恐怖を避けることが、あるいは少なくともそれらを理解することが出来るだろう。別の言葉と別の論証を打ち立てることが必要なのである。その可能性は、先にヨーロッパの政治上のあの瞬間を思い出してもらったが、その歴史的な短いシークエンスによって示されている。言葉と行為からなるこの短いシークエンスを、代替策も議論も持たない統治という考えに対抗させて、まず最初に保持しよう。そしてこのシークエンスを、二〇一五年八月終わりから九月はじめのあの何日間かを越えて、延長しよう。移動民たちに対立する現代の国民国家の危機を前にして、こうして一人の人類学者が提出できる唯一の処方は、完全に準備された解決策を持っているらしい移動問題の「専門家」による処方でもなければ、恐怖に震え上がったエゴイスムを断罪する道徳家の判事による処方でもなく、どのように叙述するかという認識論的な提案である。このバベル的な世界をどのように理解すべきだろう？　私たちはこの問題に関する弁別され対立しあう立場――世界連邦主義、民族主義、あるいは無関心派――を掲げつつも、すでに、そしていたるところから、その世界に入り込んでしまっているのだが。

移動民・難民・移民――言葉は重要である

問題を把握する方法の一つは、言葉とその用法に、つまりそれらが何を隠しまた何を明らかにするかに注目することである。ついで、それらの言葉に関して、先に言及したような脱中心化された姿勢、つまり行政的、メディア的、また公的なあらゆる発言を疑うことを私たちに可能にするような姿勢を取ることである。移動民、難民、不法滞在者、移民、外国人、これらの言葉は部分的に重なり合う。私が最初に注意を向けたいのは、メディアとヨーロッパの指導層の間で競合する使われ方をしている二つの用語、すなわち「移動民」と「難民」という用語である。

一見したところでは、社会科学の研究者にとっては、「移動民」という言葉は、叙述的で、ニュートラルで、総称的である。つまりそれは、どこから来てどこへ行こうとしているかの予断を許さないまま場所を移していく状況にある人々に関わる。しかし、もしその行路が困難であるならば、そして故郷からの遠隔化がどこまでも苦痛の多いものであるなら、移動は一般的には終わりを告げることになる。一九六〇―八〇年代において、社会学者アブデルマレク・サヤドは、フランスにおいて「移民」（あるいはもっとしばしば「移民労働者」）と呼ばれる人々について、その存在に関わる苦痛を示そうとして、彼らはまた「国を出た者 émigré」でもあるという考えを主張した。省みるならば確かに、彼らはどこかから出発し、どこかに到着した人々であった。

次いで、移動民というありようが永続的となったことが、最近の数年で公然の問題となり、また研究上の問題ともなった。つまり、問題とされている、場所を移すという動きは、非常に広範なやり方で、よりいっそう長く続きかねないものとなっている。多くの人が、出発したが、いつまでも到着することがない。安定した仕事はなく、尋常な住居はなく、持続的に正常な行政上の地位はない。あるいは、これらの属性のどれか一つだけをかわるがわる持つとしても、ほかの二つを持つことはない。再び出発を強いられることもあれば、動きを止められ、多かれ少なかれ閉じ込められることもある。彼らは二つのものの狭間に自分を見出す。このようにして、移動の世界の全体が形成される。この世界は、かけがえのない惑星――しかしその社会的政治的機構は全くの分断状態にある惑星――の内部で、終わることのない追放状態のうちにある。グローバリゼーションは、国境を複数化するという効果を持ち、さらにその国境をしばしば、壁によって、また地方的国家的な規制によって、強化する。この規制はますます細密になり、人々の法的なカテゴリーを弁別し、その結果人々は権利の視点からするとますます不平等になっていく。移動民たちの旅は、何年も続くことがあり得るし、放浪へと姿を変えてゆく……。まさにこの瞬間に、私たちは、コスモポリット的あり方についての新たな構想を語り始めることが出来る。平常性のコスモポリティスム（cosmopolitisme ordinaire）というものがあって、それは国境における他者性の試練が、けっして慣れることのない状況の中で反復されて恒久的となることを通して形成される。だがこの点については、第2章で立ち戻ることにしよう。

今日「移動民」という言葉を使いたがらない人々がいるが、彼らは、望むと望まざるとにかかわらず、最後にはこのコンテキストを否定し、追放とか終わりのない移動といった状況は存在しない、という考えを導き出し、そしてこれらの現象をなおいっそう不可視のものにしてしまうだろう。同じ時に、「難民」という用語――最近になって皆が発見したようだが――を使うことは、救い得なかった者たちに対するある種の贖罪の念に通じてしまう。

けれども、難民という用語は、正確な意味を持っている。その来歴を語るには、一九二二年のナンセン・パスポート*の創設のあった二十世紀初頭まで戻る必要があるだろう。この書類は、その当時、母国を追われて国籍を持たない人々に、場所を移動するのを可能にするものだった。続いて一九五一年に、難民の身分は、国連がジュネーヴ協定を成立させたことによって、さらに同じ年に国連難民高等弁務官事務所（UNHCR）が設立されたことによって、実際上の形式が整えられた。難民というこの身分は、強い歴史的コンテキストに由来する日付をはっきりと刻印されている。というのは、この身分は、第二次世界大戦の翌日に誕生したからである。その頃、数百万人のヨーロッパ人がなお住み処を奪われたままであった。加えて、冷戦のさなかには、難民という身分があるおかげで、「鉄のカーテン」を横切ってくる人々を受け入れることが出来たのだった。

＊ 無国籍の難民に移動を可能にするために、国際連盟が発行した身分証明書。当時の難民高等弁務官フリチョフ・ナンセンの名前をとって、そう呼ばれた。

「一応の難民 prima facie」（一見して難民である者）という概念は、続いてUNHCRとアフリカ統一機構（OUA）によって、一九六〇年代の終わりに作り出されたが、それは、エチオピアとソマリアを逃れてやってくる人々の集団に対応するためだった。この概念は、ついでラテン・アメリカで、そしてもっとあとではイラクで使用された。その当時の難民たちの強制移住は、私たちが今日ヨーロッパで経験しているものとは、規模がまったく違うものだった。

加えると、五〇年代のコミュニスムからの亡命者たちにとっても、また七〇―八〇年代の「ボート・ピープル」のヴェトナム人たちにとっても、庇護の認定と難民身分の付与は、政治的かつ外交的な事柄であった。フランスはこのようにして、四年間に、東南アジアから来た一三万人を、ジュネーヴ協定が文字どおり定めているように、あれこれの人物が個人的に「迫害を受けた」かどうかを自分たちで調べることなしに受け入れた。それは実際のところ、共同的で外交的な原則であって、大量の受け入れの場合に、この原則は優先される（二〇一五年のドイツにとってもそうだったのを私たちは見た）。

このようにして私たちは、難民の身分は、常に国際的で歴史的な環境によって決められること、そのコンテキストに伴って変化するものであることを、認める。であるからこそ私には、現今のとりわけヨーロッパ的なコンテキストの中で、唯名論者の姿勢を擁護することが重要であるように見える。すなわち、難民とは、UNHCRとかフランス難民・無国籍者保護局（OFPRA）などのように、その仕事をするための資格を与えられた機構によって難民であると認定された者たちのことである。というのも、今日敬意を込めて「難民」と呼ばれる人々は、法に帰属する身分や権利を常に持っているわけではないからである。もし法的かつ制度的な難民の定義が視野から失われるなら、人々はどこか自己満足気味の現実を作り出し、その結果、とりわけ、名づけ、法的に身分を確定する権力にかかわる問い、したがって諸個人に対する「国家」の責任にかかわる問いを提起するのを省略してしまうだろう。

移動民はもはや、移民でも移民労働者でもない。後者にはなお、見出されることがないとしても動機がある。もし移民による労働と移動民との間につながりがあるとしたら、それは偶然のつながりである。今日の移動民の形象は、別のものである。この形象は、移民労働者の地位よりも不安定であって、多重性を持った「場所」で、複数の繋留装置――それらが仮のものであるとしても――の間で、一つあるいは複数の受け入れ国および通過地の経済《エコノミー》の中への部分的で仮りそめの組み込みの間で、形成される。それは「世界への現存《プレザンス》」のひとつの形態であり、この形態は、多かれ少なかれ常に境界上に留まり続ける。

この未完了の状態こそを、私はこれから叙述したいと思う。叙述は、私たち自身を脱中心化しつつ、境界的な場所と境界的な男たち女たちの状況を観察することでなされる。彼らは、諸空間（街や国）から孤立しているわけではなく、彼ら自身がその境界を為している。文化という視点、またそこで打ち立てられる生の新たなあり方という視点から見ても、そうである。あるいは政治的な視点、すなわち受け入れ社会との間に、そしてとりわけ受け入れ社会からやって来て彼らと関係を結ぼうと試みる男たち女たちとの間に打ち立てられる絆という視点から見ても、そうなのだ。

原注

（1）言及されている著者と主題については、巻末の参考文献を参照されたい。
（2）Luc Boltanski, « Nous ne débattrons pas de la 'question rom' » (Montreuil, octobre 2010)
（3）Cité dans l'article de Frédéric Lemaître, « 'Nous ne pouvons pas acceillir plus de réfugiés' selon Manuel Valls » *Le Monde*, 13/02/2016.

新たなるコスモポリス

ベルリンの壁の崩壊を取り巻いていた理論的かつ政治的な予測の時代が過ぎ去り、国境のない世界への願望が過ぎ去り、あるいは地球規模の村という学説が過ぎ去ってしまって、私たちは今、すでにグローバリゼーションのうちに入り込んでしまったけれども、それによって国境が取り払われはしなかったことを知っている。グローバリゼーションは、国境を変容させ、位置をずらし、複数化し、拡大し、さらにはより脆弱で不確実なものにしている。それはしばしば国境を壁に変容させる。ある場合は物質的障壁——国家間の境界においては少なくとも二万キロメートルに及ぶ——に、ある場合には見えない壁——電子的な壁、警察の壁など——に、である。ところで、壁の持つ効果の一つは、国境の空間を新たなやり方で変容させてしまうところにある。というのは、壁は、国境の通過を妨げようと狙う規則やイデオロギーを備えることで、国境の持つ時間と空間を延長するのに貢献するからである。生は引き延ばされ、それは二つのものの間に、戸口の上に、敷居地帯に構築される。そのことによって、私たちは、国境の状況をより近くから観察するよう招待される。見えてくるのは、

「国境なし」の世界ではなく、反対に国境に満ちた世界で生きられる諸状況である。この世界は、危機の中にある（その過去から見れば）と同時に、建設中でもある（その未来という視点からは）のであって、それは、もう一つの世界すなわちバベル的な世界*に向けての考察に戻るよう、私たちを促す。それは場合によって複数的でもあれば耳障りでもあり、異種複合的でもあれば歪められてもいて、濃密でもあれば混沌としてもいる世界である。

＊　バベル的な世界とは、もちろん聖書の創世記にあるバベルの塔の建設と崩壊の物語を受けている。とりわけ、崩壊ののちに言葉が通じなくなって、かつてのような一体性が失われ、それぞれが他者として出会う世界である。

この現代的なバベルの世界に入り込むために、私はまず、国境の情景のひとつをごく短く記述したい。それは私が二〇〇九年の二月に遭遇した情景である(1)。パトラというギリシアの町の中でのことである。この町はイオニア海の縁にあって、そこからはイタリアのベネチア、アンコーネ、バーリに向けて貨物船が出ている。そこにイラク、イラン、アフガニスタン、パキスタン、エジプト、リビア、スーダン、あるいはエリトリアからの移動民たちと、レバノンからのパレスチナ人の若者たちが、一九九〇年代の終わり頃から到来していて、港に入り込もうとしている。彼らが狙うのは、ヨーロッパへの渡航である。

毎日数人のアフガン人の若者が、港に沿った道路の縁を歩いている。彼らはトラックが港に向かってスピードを落として進んでいくのを待っている。このトラックは港からフェリーの船腹に乗り込み、その船はイタリアを目指して商品を運ぶ。こうしたトラックの一台がやってくると、若者たちは走り始め、その中の二人が、トラックの後部のドアを開けようと試みる。そしてそれに成功するなら、走りながらそのドアを開けたまま保持し、その間に一人ないし二人の別の若者が、素早く乗り込もうとする。道路の縁には、警察の車が停まっていて、そこでは四人の警官が、おしゃべりをしながら、彼らから数メートルのところを走る若者たちを観察している。加えるに、通りの反対側、芝生緑地の向こうには、大きなビルがあって、その地階の壁面の全体がガラス窓になっている。ガラスの向こう側には、フィットネスのサロンが見える。機具が並べられていて、それらは、一二人ほどのフィットネスをする人が、機具を使用してペダルをこいだり走ったりしながら同時に、トラックの後ろを走るアフガン人の若者たちを、まったく落ち着いて眺めることができるように配置されている。

このように要約される沈黙の情景は、私には、移動民たちと定住者たち、それに警官たちの間の関係が、少なくとも距たりのある、そしておそらく関心を欠く関係であることを象徴し、世界の現状を集約的に示しているように見えた。

この情景におけるアフガン人の若い移動民たちは、禁止をジグザグにすり抜けることで、外国人というものの一つの新たな形象を具現する。高い鉄の柵が複雑に配置されて、港を取り囲んでいるし、彼らが乗り込もうとするトラックは、船に積み込まれる前に、夜の間に駐車場で丹念に検査される。またイタリアに到着したのち、すり抜けることに成功した者たちも、おそらくは捕まえられ、帰りの船の中に放り込まれる。こうして彼らは、パトラの宿営地にふたたび戻ることになる。この宿営地は一二年間、つまり一九九六年の終わりから二〇〇九年の七月まで存在していて、時期によるが、五百人から二千人の人間を収容していた。したがって、彼らが通り抜けることは商品よりも難しかった、ということになる。その商品の下に彼らは隠れたのだったが。

けれども、何人かは海を通って――稀である――、あるいは地上の道を通って――ずっと長く困難である――、国境を通過するのに成功する。これらの通過例のおかげで、堰き止められて国境にとどめられている他の者たちの、動くことへの欲望とエネルギーが保たれる。そして横断に失敗する者たちの間で、幾月もまた幾年もが、港、宿営地、街中の不法占拠地、それにオレンジ畑やオリーブ畑での季節労働の間で過ぎていき、次いで新たに、通り抜けようとする試みがなされ、ある種の待機状態が、ほとんど通常のものとなった生き方の背景としてそこに立ち現れる。一つの生の全体が、国境という場所の上に組織され、その生は、剝き出しの変転が持つ不確実さによって、加えてこの生の上に注がれる視線の不確実さによって、深く刻印を受ける。私たちが移動民たちについて語るとき、私たちは誰について語っているのだろう？　私たちは私たちに共有される瞬間を作り出そうとして――その瞬間が平穏でなく、容易でもなく、衝突を免れていないとしても――、どのようにすれば私たちの生を、私たちの視線を、それに私たちの企てを、彼らのそれと交差させることができるのだろう？

私の論の進め方は、人類学のそれである。とはいえ、私の言う人類学は、地域、文化、およびアイデンティティ――これらはかつて未開人とか部族とかの観念と結びついていた――の均質的な総体を再構成することを目指すような人類学ではなく、また存在論の名の下にあると自認している人類学ではない。それらとは違って、接触の状況（植民地化以前の、植民地的な、宗教的な、あるいは民族学的な）と、接触という出来事が持つ固有のダイナミズムとに、直ちに関心を向ける人類学である。それはまた、植民地化、都市化、産業化、そして近代性に直面した政治的運動のコンテキストの中で起きる、衝突などの社会的状況に関心を向けてきた人類学である。こうした論の進め方は、最初に一九三〇年から一九五〇年の間のイギリスの人類学の中に、そしてフランスにおいては、同時代の諸世界についての、プロセスと状況を重視する動的な人類学の中に見いだされる。接触、衝突、出会いの歴史的に重要な契機についての調査への関心から、必然的に、現今の世界における国境の状況に対する関心が生まれた。その成果として明らかになってきたのは、国境なるものを備えたこの世界は、今日、何であるとしても透明でも抽象的でもなく、反対にごつごつして、衝突を生み、暴力的だということである。

現地での調査——アフリカで、近東で、ヨーロッパ南部で行われたものだが——が示すのは、国境は絶えず設定し直され、差異を持つものになっているということ、それはある者たちにとってはそこかしこにあるものとなっているということである。民族学に及ぶようなこの迂回路を通ることによって、次のことがわかってくる。つまり、一方では、「境界の中心性」*が、ある人々——境界的男性あるいは境界的女性のことだ——に対して存在するということである。彼らのことは第一の段階で提示されるだろう。他方で、コスモポリティスムを考察の対象とする研究をいくつか伴って、交換と討論の場が開かれる。この考察は、ずっと前からとりわけ社会学者や哲学者の間で行われてきたものである。

こうして共通の地平が開かれてくる。それは現場で観察された、国境に関する状況の、空間の、そして人間のコスモポリティスムであって、コスモポリティスムとコスモポリット性に関するより広範な議論と交差し、議論を呼びかける。

＊「中心性 centralité」という言葉は、のちに現れるが「脱中心性 decentralité」という言葉と対になって使われる。中心があってそれとの関係ですべてが設定される性格を指す。

境界的人間

国境に到着する女たち男たちは、「脱アイデンティティ化の過程」を経由している。この過程は必然的で、再帰的で、そのうえしばしば病理的である。この「脱アイデンティティ化」は、彼らのアイデンティティを作りなしていた、場所、絆、そして財産が失われること、またそれらから遠ざかることによって引き起こされる。私が観察してきたような国境の状況においては、そこにいる人々は、国境を完全に越えることが出来ず、目的の地域にはいって、一つの居場所、一つの地位、一つの承認、つまり十分な「市民権」を獲得することが出来ない。人々は、国境という場所で境界的男たち／女たちとなる。彼らのこの脱アイデンティティ化は、ほかのあり方《エグジスタンス》へと変容することが出来ないように見える。そこで私の問いは、次のようになる。押し拡げられた国境の空間(borderland)は、価値崩壊の場所なのだろうか、それとも関係づけの場所なのだろうか？　アイデンティティ、社会性、文化、そして政治が不在である場所なのだろうか、それともそれらが現われ出る場所なのだろうか？

境界的人間の理論上のいくつかの形象は、これらの状況を理解するために、ここで非常に有用なものとして現れてくる。それらは「放浪者《エラン》」「よそ者《メテック》」「賤民《パーリア》」である。これらの形象のおかげで、私たちは、移動民の視点からすると国境とは何であるかを、よりよく理解できるだろう。

地中海の周辺でヨーロッパへの入り口を探している「放浪《エラン》の男たちあるいは女たち《エラント》」——アフリカ人であれアフガン人であれ——にとって、砂漠、海と港、街道、通りそのものが、境界なのだ。まさにそこで、彼らは自分たちがその場しのぎの宿営地にいることを見出す。これは古くからある形象だが、今日では、より頻繁かつより目に付くようになった形象である。行路も不確か、行く先も不確か、身分も国によって不確か――「モグリ」「非合法」「サン・パピエ」など――であって、これは終わることのない追放の行路である。放浪者たちにとって、境界とは、恐怖を抱かせ、危険で、脅迫的な空間である。彼らは自らに勇気を与え、自分が活動の主体、前進すること（しかし彼らはその決断を自分で制御することができない）の主体であると感じようとして、自分のことを「冒険者」だと言い、犠牲者に向けられるような憐愍を拒否する。彼らはしばしば過度に不安におちいり、暴力にまで達する、また死んでもかまわないという考えにまでに達するような、強いエネルギーを露わにすることがある。

「よそ者《メテック》」というのは、古来からあるもう一つの形象であって、それは今日の都市の中で現実の存在となって現れている。現在、それは「サン・パピエの労働者」のことである（フランスには数万人、合衆国には数百万人がいる）。

私はそういう労働者に、ベイルートでの調査中に出会ったことがある。彼らは、スーダンからの移動民の男とスリランカからの移動民の女の組み合わさったいくつかの家族の中にいた。同様に、労働契約《カファラ》を結んではいるが法にのっとった存在ではなく、労働関係の外ではどんな権利も持たない労働者たちがいた。彼らはフィリピン、スリランカ、バングラデシュ、エリトリアから来ていた。古代ギリシアの「よそ者《メテック》」と同じく、彼女ら彼らは、街中にいて、経済的には有用であるが、どんな市民権もどんな所有権も持たず、社会的には望ましからざる者たちである。彼らにとっては街全体が境界であって、彼らの居場所は、必然的に、モグリで占拠された区域である。こうして不法占拠地が、彼らの通常の生活の場所となる。

最後に「賤民《パーリア》」だが、それはキャンプ——難民の、強制移住者の、留置者たちの——の中に閉じ込められて生きる者のことである。そこでもまた、これらの施設への滞在が長期にわたること、それが世界的な交叉点の性格を持つ（そこで民族的にあるいは言語的に異なるほかのグループに、また西欧の人道主義支援団体の活動家たちに出会う）ことによって、キャンプは、世界と他者性の経験という意味で境界的な場所となる。これらの収容所は、都市から離れているとしても、自ずから都市の性格を帯び、都市の萌芽となり、都市の定住者——これらの場所を荒地とか生成中の町と見なしている——のある者たちを引き寄せるだろう。

「漂泊者《ヴァガボン》」のさすらいは、少しずつ、戻ることのない道筋を描いていく。それはイタケ島つまり生まれた町が最初のそして最後の段階になるらしい移動する者の、オデュッセウス的な物語*とは異なる。「賤民《パーリア》」を隔離することは、望ましからざるものとの隣接の場所を、諸社会の間また諸国民国家の間に引かれる境界に変えてしまう。その場所とは、二つのものの狭間であり、生息可能ではあるが、出て行くのが難しい場所となる。そして最後に、「よそ者《メテック》」が持つ周辺的性格によって、外国人は、思いのままに搾取できる存在だと規定されてしまう。つまり、町中に存在するが、都市の生活にアクセスすることが出来ず、そうした権利を持たず、社会的には望ましからざる者だが経済的には有用な者と規定されてしまう。こうした者たちは、土地を不法に占拠し、野宿し、都市の狭間の中で生きる。彼らは皆、社会的あるいは経済的な柔軟さを大なり小なり備えていて、文化上の「迷路」を辿っていく。するとこの迷路の中で、自分たちは世界に属するという意識が形成され、同じほどに、彼らの受け継いできたアイデンティティに対する距たりが大きくなっていく。しかし、もちろんながら、こうした理論上の形象が、今日の移動民が持つ条件（それは均質的ではない）は何によって性格づけられているかを私たちが理解するのを助けるとしても、そうした人々のリアリティを汲み尽くすわけではない。そうした人々は、自分たちの特異性を保持し続けるし、彼らの行路は、今日の不安定な可動性の持つさまざまな様態の、あるものと別のものを交替させ、あるいはしばしば併合するからだ。

＊ 古代ギリシアのホメーロスの叙事詩『オデュッセイア』で、主人公のオデュッセウスは、故郷であるイタケ島を出てトロイア遠征に参加したが、戦争が終わってイタケ島に戻るまでに一〇年を要した、という。

バベル的多重性――境界的状況は私たちに何をもたらすか

彼らがその行路のさなかに横切っていくさまざまの場所――宿営地、不法占拠地、キャンプ――に関して言えば、それらも同様に不安定で、永続的に姿を変える施設である。だが、間に合わせのもので、仮設的で、見えにくいものとして構想されながら、それらは境界的状況の中で何らかの沈静化を表すものでもある。境界的状況という表現で私が言いたいのは、各々がほかの者たちの視線の下で、自分が相対的に外国人であることを発見する状況のことである。この状況において、各々は、関係をより親密にしてこの外国人性を了解し、この状況のうちで活動することが出来るようにならねばならない――というのも、「ほかの者たち」とは、彼にとっては、彼自身は限定されたアクセスしか持てない、あるいはアクセスをまったく持っていない町中で暮らしている女たち男たちであるからだ。しかしまた、より近い「ほかの者たち」もあって、それは、彼といっしょに同じ境界的な場所に暮らしている女たち男たちのことでもある。社会的で日常的な関係が結ばれる。つまり権力関係が、そこに既にいた者たちと後から到着した者たちの間に、男たちと女たちの間に、ヒエラルキーを伴って形成される。この関係はまた、ある者たちまたほかの者たちが外部の世界——それに対しては彼らが外国人であるような町の世界——に対して持つ（あるいは持たない）関係の函数でもある。

私はこれから、これらの「境界的な場所」のうちの三つについて、より正確な言葉で語ろう。それはベイルートの「ガザ・ホスピタル」と名づけられた不法占拠地、ザンビアのマヘバ・キャンプ、それにカレーの移動民たちが次々に辿った複数の生活場所のことである。

ガザ・ホスピタルは、ベイルートのサブラ地区にあり、不法占拠された十一階建ての建物で、一二七戸の居室と、五〇〇人に少し足りない程度の占拠者がいる。この施設は、一九八七年にパレスチナ人の女性たちによって開かれた。彼女らは近隣のシャティラのキャンプから、暴力を逃れてやって来た。施設は次第に、キャンプの外に住んでいたほかのパレスチナ人難民たちの住み処ともなった。さらに貧しいレバノン人たちの、イラク人たちの、ついで移動するシリア人、エジプト人、スーダン人労働者たちの住み処となり、もっと最近では、家事労働に雇われたバングラデシュ人の女性移動民たちの住み処となり、ついに二〇一二年以後は、大挙してやってくるシリア人難民たちの住み処となった。

ザンビアのマヘバ・キャンプは、一九七一年に国連難民高等弁務官事務所によって開設され、アンゴラで次々に起きた内戦に応じて、また同じくほかの紛争を逃れたコンゴ人、ルワンダ人、あるいはウガンダ人たちが到着するのに応じて、拡大され続け、二〇〇二年にはそこに住み着く人々の数は、五万二千人に達した。最初に（七〇年代に）到着した者たちは、そこで小さな土地を獲得し、部分的ながら自治の形態を取るという幸運を享受したが、後からやって来た者たちは、同じ幸運を受けることは出来ず、国際的な援助に、より依存し続けることになった。

カレーの町とその地方では、二〇〇二年から二〇一五年の間に、数多くの野営地と不法占拠地が作られていて、移動民たちはそこを仮の避難所としていた。二〇人、五〇人、一〇〇人ほどの小さなグループが、カレーの住民たちのさまざまな支援団体《アソシエーション》（「移動民たちへの援助のための基本的合意」という共通の方針に基づいて集まった）の助けを得て、生まれていた。支援団体のメンバーたちは、毎日のようにやって来て、話を聞き、食べ物や衣類を運んだ。一五年四月、国家と市当局は、町から七キロメートルのところに再グループ化のためのキャンプを開設することを決定した。そして移動民たちを、それまで住み着いていた野営地と不法占拠地から強制的に退去させ、新たなキャンプに向かわせることを計画した。このキャンプは、国によって「許容可能な」唯一の、移動民たちの集住地だと性格づけられ、食料の配給を受け、シャワーを浴びることの出来る受け入れセンターから数メートルのところに、設置された。カレーのこのキャンプは、すぐさま「国立スラム」あるいは「ニュージャングル」と呼ばれ、一五年九月にはおおよそ五千人の、そして一六年一月には七千人の宿泊場所となる。ある者たちはイギリスに渡ろうとし、ある者たちはフランスで保護を申請しようとする。その地のいくつかの支援団体は、キャンプの大きさに対しては「小さ」すぎて、いくつかの国際的なNGOに取って代わられる。後者のNGOはそこに、彼らが南の国々で経験してきたような場に似た活動の場を見出した。さらに別の連帯の活動が、今度はヨーロッパ規模で組織され、英国、オランダ、ベルギー、ドイツ、それにフランスのほかの地域からやって来て、より良い避難所の建設と、住人の日常生活の改善を援助した。

ザンビア、レバノン、それにフランスというこれら三つの場所で、私が観察し得たのは、まず、それらが一つの場所を住み処として形成することに関する、かなり古典的な成り行きの問題を為している、ということである。このような場所においては、最初に到着した者たちが後からきた者たちに対して、ヒエラルキーのある関係を打ち立てるし、古参者と新参者、男と女の間に、権力関係が形成される。そこに見出されるのは、資源にアクセスできるかどうかという問題――それはどんな社会においても、そしてどの人にとっても起きる問題である――だけでなく、その場所に固有の資源――「正常《ノーマル》」な状況なら平凡に見えるが、例外的な状況においては例外的な価値を持つ資源——を作り出せるかどうかという問題である。それはマヘバにおいては、一片の小さな土地だった。ガザ・ホスピタルでは、他の家族よりも「抜け目のない」二つの家族がしたことだが、住戸を改築し整えて貸し出すことだった。またカレーのスラム街では、あるキャンプのバラックの間に、「レストラン」がひとつ開かれた。時間が経つとともに空間が拡大されることも観察される。マヘバのキャンプは、広さが三倍になった。サブラ地区の不法占拠された建物には、補助的な階が三つ加えられた。この建物は最初の占拠のときには、八階建てだったのである。カレーの荒地に設けられたキャンプの南の部分では、一種の「スラム街」への、あるいは仮設的ではあれ都市への展開がなされ、改装がはじまっていた（一六年三月の国の決定によって破壊されることになる街区でもそうだった）。

とりわけ目に付くのは、これらの場所のすべてに共通することであるが、媒介の機能——すなわちその場所が外側に対して持つ関係の研究と調査によるところの——が過剰なほどに現れてくることである。当然ながら、それは通常の生活がより困難なものになっているその場所の例外的な性格によるし、またこの場所の持つ、治外法権性という位置付けによる。場合によるけれども、通訳者、社会活動家、国境案内人が数多く来ている。「支援者」と支援団体の活動家も数多く、とりわけカレーで目に付く。通訳あるいはフランス語のにわか教師、弁護士、アーティスト、そしてジャーナリストがヨーロッパの国々からやって来て、移動状態にある国籍が二〇にも及ぶ人々と、日々、意見を交わし合ってきた。

これらの行路と場所は、このようにしていくつかの新たな世界を形成する。こうした世界は、少しばかりあるいは強く強制されてある日そこに到着する者たちにとっては、最初は理解しがたい。しかし各々の男あるいは各々の女は、ゆっくりと、一種の文化的な作用と社会的想像力を繰り広げなければならない。それは自分が生きている場所を理解するためであり、そこで出会う他の者たちとの間の関係を理解し打ち立てるためである。このような境界的な場所はまた、そこに生きる人々の文化的な変容の背景となる。彼らが自分をこの場所に関しては通りすがりの者あるいは訪問者にすぎないと考えるとしても、そうなのだ。

こうした経験は、そのたびごとに、他者性の試練となる。それはユダヤ系オーストリア人の社会学者で、アメリカに亡命したアルフレッド・シュッツが、一九四〇年代に「外国人の迷路」と呼んでいたものである。つまり、外国人は、自分自身には明瞭で文化的だと見える思考方法を身につけて、新しい状況の中に到着するが、「新しい文化上のモデル」（言語、風習、法、民俗、様式）の中で自分を導き、それを了解し、使用しなければならない。シュッツの要約によれば次の様である。「それは次のことに帰着する。すなわち、外国人にとって新しいグループの与える文化上のモデルは、避難所ではなく、冒険を強いる国となり、了解済みの何ごとかではなく、問いかけるべき探求の主題となり、問題を孕んだ状況を切り抜けるための道具ではなく、支配することの難しい問題的な状況そのものとなる」。この試練から、外国人は二つの根本的な特性を引き出す。一方では、客観的な見方と「世界に対する知性」である。彼は「普通に生きるというあり方は、そう見えているほど良く保証されているわけではない」ということを発見する。他方では、「忠誠《ロイヤリティ》とは多義的だ」という認識である。

外国人は、ある文化上のモデルをほかのモデルによって置き換えることはしない。彼は「文化上の混合種《ハイブリッド》となり、異なった二つの生のモデルの境界域に生息するが、自分が二つのうちのどちらに属するのかを知らない」のである。

しかし、私たちが語っているケースにおいては、他者性に関するこの試練は、紛糾し、さらに複数に分解される。紛糾するというのは、例外性、治外法権性、それに排除性がそこに大なり小なり高い度合いで見出されるという、境界的な場所の特別な性格による。複数に分解されるというのは、町の「定住者」たちの傍らで移動民たちは外国人の姿を取るのだが、その定住者たちに加えて、また別の外国人たちが現れるからである。この後から来た外国人は、先に来ていた移動民と同じく、この境界的な場所を占拠する。だから最初の移動民は、この後から来た者たちに対して、相互に了解し合い、自分たちの日常を組織し合わなければならない。これは周辺的なというよりは境界的な経験であって、この経験からおのおのは、自分の固有でオリジナルなと言われるアイデンティティに対してある種の距たりを引き出し、また規範と中心性を具現する受け入れ側の社会に対しても距たりを引き出し、同時に「グローバル」なものとなった世界についてのある種の理解を引き出すのだ。

この境界的な場所における文化的変容に対して、より一般的な意味を与えたいと思うなら、まず心にとめなくてはならないのは、そういう場所で私たちは文化的な相対主義を越えて、あるいは、民族的であれ混血的であれ、異なるアイデンティティを賞賛することを越えて、もっと遠くまで行くことを強いられる、ということである。人類学者たちの経験は、ここでもまた、それを証明する。この経験は、たいていの場合、表向きの「情報提供者《インフォーマント》」の後ろに隠れている、特異な出会いに徴しづけられている。研究者は、現地にいくと情報提供者《インフォーマント》の傍らに、男女の本物の友人を、受け入れ手を、そしてしばしば、彼が研究しにやってきた社会を繊細なやり方で知っている者を見出す。しかしたいていの場合、この関係は、もっぱら心情的な刻印を受けるにとどまる（研究者はいくらか不器用にそれを「客観的な」情報から区別しようとするけれども）。研究者は、そのような言葉あるいは行動の「主体」と出会いの経験をすることがあるが、それを理論的に十分に利用することができない。そのことは、これらさまざまの出会いから、アイデンティティに基づく性格付けの結論をあまり多く引き出しすぎないように、私たちを促す。

であるからには、どんなふうに語るかが重要だと私には思える。放浪者《エラン》の、賤民《パーリア》の、またよそ者《メテック》の形象が示唆するもの、それは関係において外国人であることの社会的な位置づけであって、その中では労働の、住居の、個人あるいは家族の辿ってきた道筋の拡がりが本質をなす。それはちょうど、人それぞれが自分の外国人性を生き、それを生きながら自分を文化的に変容させ、私がその人と出会うときにはすでに変容してしまっているという、そういうコンテクストが本質を為しているのと同じである。この変容は、人が彼の周囲で彼に与えるアイデンティティの名前、そして私自身も彼に与えるようにし向けられているらしいアイデンティティの名前との関係において起きる。そして私がこれらの経験を報告するためにここで選んだ名称——放浪者《エラン》、賤民《パーリア》、よそ者《メテック》——は、明瞭に歴史的で、社会的で、関係的であることが望まれ、これによって普遍的であろうとする。そうした変容は、彼らが描き出すプロセスの中で、そして民族的あるいは国民的であるよりは人類学的である意味合いの中で起きる。

社会学者たちの言う「方法立てられた民族思想《エスニスム》」の向こう側に、したがってそれと同じことだが、人類学者たちの言う「方法立てられた民族主義《ナショナリスム》」（ウルリッヒ・ベックの言による）の向こう側に、いったい何があるのだろうか？ 外国人は「私たち」（国民的、民族的、あるいはそのほかの）を形成するのに本質的な役割を持つが、移動の方法が地球全体に拡散している時に、グローバリゼーションは、国境を繁殖させながら、この外国人の形象を消去させつつあるのだろうか？ あるいは反対に、受け継がれたそのアイデンティティがどのようであれ、外国人の形象を世界でもっとも広く分有される条件にしつつあるのだろうか？ このように仮説をたてること——外国人とその文化的な迷路を一般化すること——はなお、世界についての新たな論争の中で国境というものの持つ政治的な中心性を考察することに、その可動的なあり方を通しての世界の実践を考察することに、そしてこの水準での政治——すなわち世界＝政治（politiquemonde）――を考察することへと、私たちを連れてゆく。

今バベルの神話に立ち戻ることは、私たちが現代世界を考えるのを助けてくれる。この神話は、人類に対して二つの状況を提示している。伝説の伝えるところでは、起源においては、同質性が人間の間を支配していた。唯一の言語、唯一の種族、唯一の居住地だけがあった。そう考えることはアイデンティティの擁護、つまり一種の原初的純潔の擁護である。自分自身にまた「私たち」に対する愛に満ちた情動は、他者たちに対する憎悪と並行して保持される。自己に対するこの魅惑は、人間をして、自分には限界がなく、「神」と同じほどに強く、同じほどに偉大だと主張させることになる。一つの塔が建設され、できるかぎり高く、よりいっそう高くされて、神聖な天空に達しようとする。しかし「神」は反撃する。「神」は、言ってみればこの蟻の巣を狙い撃ちしたのであって、ナルシスト的世界を破壊し、人間たちに言語の多様性と散乱状態を送り届ける。この第二の時代はしばしば、不協和音と、分裂と、混沌の時代として提示され、それらに対しては否定的な表象が結びつけられる。この見方からすると、人々は、バベルについて、そして群衆の動きと交換をともなう衝突について、非常に否定的なヴィジョンを持つことがあるだろう。だからこれらの衝突は、私たちに、それらを受け入れるかどうか考えることを強いてくる。しかしそんな風に考え込むことは、これらの衝突がもう一つの別の——本質的な——次元を持っているのを忘れることである。

私たちは今日、人々があらゆる方向に往来する世界、そこでは他人を受け入れ、居場所を与えなければならない世界を、学習し、構築している最中である。それが現状なのだ。不協和音というのは、外部に向けられた耳が聞くところのものであり、他方で、もし内部から観察されるならば、そこには交渉を通して構築される調和の可能性のあることが見えてくる。そこにいる人々が伝達を始める瞬間から、彼らの間にある種の政治、ある種の了解の存在することが見えてくる。だから、私たちは、神話の伝統的な読み方を転倒することが出来るし、そしてバベルの神話は最終的には、絶え間なく変化する環境の中で互いに了解し合う必要と努力を表している、と見なすことが出来る。バベル、それはいっそう多くの人々が動き、境界――社会的な、文化的な、言語的な、行政的な、宗教的な――に満ち溢れる世界での、境界的状況が増大するありさまのことである。こうした境界的状況によって形成されてくるのは、つまりそれらが実際に生きられる限りで、とりわけ移動民たちによって生きられる――というのは彼らはこうした状況を生きることを強いられているからだ――限りで形成されてくるのは、コスモポリットの世界、しかし人が通常の場合にコスモポリティスムと呼ぶものとはまったく異なった意味におけるコスモポリットの世界である。それこそが今私が接近しようとしているものだ。

もう一つのコスモポリティスム

啓蒙の世紀は、新世界の発見の時代、その植民地化、出会い、暴力、そして偉大な混合種化《ハイブリッド》の時代の後にやって来たが、私たちの現代世界と響き合う話題と考え方に富んでいる。それは一方で、他であってなお未知である人間の持つ他者性に関するルソーの思考によって、輝かしいものとなり、もう一方で、とりわけエマニュエル・カントの「永遠平和論」の計画によって、輝かしいものとなった。哲学的かつ政治的な後者のエッセイは、観念的であるどころか、もっとも実践的なものだ。実際、本物のマニフェストであって、驚くべき現代性をそなえた三つの重要な考えを展開する。最初に、大地は丸く、私たちは相互に理解し合うよう運命づけられている、なぜなら、私たちは「大地の表面上で」つねに出会うから、という考えである。次いで、自由は「世界の市民権」を行使するための条件である、なぜなら、世界を実践するために、そして自己すなわち指定されたアイデンティティの領域から出るためには、境界を越えなければならないから、という考えである。そして最後に、交換——とりわけ商業的な交換——は、世界がこのような規模で活動状態に置かれるほどよりよく展開される、とカントは述べる。

したがって今日の問題とは、政治哲学による世界の思考のために「共通世界」の可能性を考えること、けれども、啓蒙の時代がなし得たのをはるかに越えていっそう明らかで、いっそう現実的で、いっそう実践的な方法で、それを考えることである。というのも、私たちは今日、地球という惑星は実際上あらゆる人々によってもっとも深く分有される現実となっている、というコンテキストの中にいるからだ。こうして、住み処を変え、同じ一つの世界を分有することは技術的に実現可能だと考えることが、政治的でもあれば社会的でもある新たな目標となった。もし、カントによる世界のヴィジョンが、よく言われるように、天使的傾向を帯びているとするなら、それは、哲学者エティエンヌ・タサンによれば、このヴィジョンは、平和にかかわるひとつの思考であるが、世界は自分を展開するためには衝突を排除することを必要とする、という思考であるからだ。あたかも共通世界とは、衝突のない世界でなければならないかのようだ。ところで、衝突をこのように削除するとは、政治を削除することにほかならない。人類学の助けによって、私たちはコスモポリット性とコスモポリティスムを区別し、それらの間の関係を理解することが出来るだろう。そこで次のような仮設を提起しよう、すなわちコスモポリティスムとは人類学的で社会学的な環境であって、この環境は、なお可能性の状態にあって、場合によってはあり得るかもしれない不確定なコスモポリット性の基盤および条件を形成すると。しかし、そうであるならば、私たちが話しているのは、どんなコスモポリティスムであるのか、正確にしなければならない。

「コスモポリット」という言葉は、一般的には、グローバル化された生き方に結びつけられる。それは国を跨いで活動する専門家たちの、高級行政官《テクノクラート》たちの、リーダーたちの、そして映像のクリエーターたちの世界である。彼らは世界についてまたグローバリゼーションについて語り、そして地球のある場所から別の場所へと高速で滑らかに駆け回る。空港から飛行機へまた会議場へ、同じような商業モールからチェーンホテルを泊まり継ぎ、彼らは確かに地球という球体の中で生きているが、ほとんど、あるいはまったく、そこから外に出ることがない。そして首都から別の首都へと場所を移すのに、体を大きく動かす必要がない。というのも彼らは本当には住み処を変えることがないからだ。世界そのものは、その国境、その起伏、その塵芥、その臭気、その障害物などをすべて備えているが、そのようなものであるよりも、彼らの気儘でたるんだ旅行のピンボケの舞台装置になってしまっている。こういった一揃いを総括的に定義するために、「地域民《ローカル》」と対比的に定義されて、社会的・文化的な少数者として、グローバル階級と言われることがある。それは社会学者ジグムント・バウマンが示唆するものである。彼から見ると、グローバル化されたエリートとは、目立ちすぎるとしても同じほどに接近しがたく、「地域的な世界の上を漂う」存在であり、他方で、地域民は、世界に関わるが無名である多数派を形成し、その動きはずっと遅く、困難で、しばしば危険にさらされている。

グローバル化されているがあまりコスモポリットではなく、右の階級とは異なろうとする別の人々がいる。彼らは活動と支援団体《アソシエーション》のうちでつながり合い、「世界の市民」あるいは「もうひとつの世界人」であろうと欲する。彼らもまた、自分のことを「コスモポリット」だと言うだろう。しかし、この場合、正確でありたいなら、その人々にとっての問題はすでに、世界に関して、また大なり小なり代表制をとり民主的で普遍主義的となった統治に関して、一つの政治的な位置を価値づけることだ、ということがわかってくるだろう。それはすでにいくらかのコスモ的なポリティック（cosmo-*politique*）ではある。あるいは少なくとも、ある日コスモポリット的に人を動員する動きとなるかもしれないものの前兆ではある。世界＝政治の哲学なるものが、それにこだまを返している。そして、コスモポリット性の哲学がもうすでに存在していて、その哲学は政治哲学一般の中で、より重要な地位を占めることが十分あり得る、と言えるかもしれない。議論はすでに、多文化主義と普遍主義によって起きる衝突を比較した上での、意味と利点にまで及んではいる。あるいは、ジュディス・バトラーが最近提案したように、共生――それはコスモポリット性のある種の基準点となるあり方である――という考え方にまで及んではいる。

最後に、思想的には同じ種類に属するけれども、世界にかかわる政治から「グローバルな社会」についての構想へと移行しつつ、社会学者ウルリッヒ・ベックは、本当にコスモポリットであるというのは、コスモポリット的な「意識」を持つことだと見なしてきた。彼が典拠とするのは、地球上のあらゆる地点に同時的に現れて分有される危険――たとえば健康に関わる危険――を共通して知覚することである。したがって、用語において正確であろうとするなら、何ごとかに関して全体的となった世界に対して自分のアイデンティティを一体化させることであるようだ。この何ごとかとは、どこかほかのところで起きているが、私たちはそこかしこでそのイメージを見、注釈を聞くだけの何か、にもかかわらず私たちに達してくる何かである。それは「危険社会」のことであって、コスモポリティスムについてのウルリッヒ・ベックの考察の出発点となっている。鳥インフルエンザ、ツナミ、九月十一日……　そのとき、私たちの意識と並行して、私たちの参加の行動も促される。

しかし私たちは同様に、世界規模でオリンピックやサッカーのワールドカップに参与する。何かが突然、象徴となり絆となり、そして一瞬であるが、同じ世界のうちでつながりの中にいるという感覚をもたらす。けれどもそれは、イメージ、注釈、それに溢れる情報を通して行われ、こうした「意識」の主体それぞれの経験は、本当にはこの意識によって影響を受けることがない。その背景は、ウルリッヒ・ベックの用語をもう一度取り上げるなら、「危険社会」であるのだが、つまりは、パフォーマンス、スペクタクルなどによってグローバルとなった社会のことでもある。グローバルな社会のこうした諸形態に共通するのは、それらの仮想現実的《ヴァーチャル》な様相である。社会は、ただ媒介された出来事についての知覚の上に、つまりメディア的な知覚の上に乗っているだけのように見える。この知覚は「私たち」を地球規模で結び合わせるが、それはほんの一瞬のことであり、分有される一つの経験に意識が呼応するということはない。

　これら三つの使用法（グローバル階級、コスモポリット的人格、コスモポリット的意識）は、コスモポリットという言葉と考えについてもっともよく受け入れられているものだが、それらは、生きられた経験という意味でのコスモポリット的なあり方——日々のものでかつ平常性の——を、つまりどれだけ不平等でかつ暴力的であるとしても世界を分有するという経験を、描き出してはいない。私としては、広い意味における境界的状況の経験に対してこそ、コスモポリティスムのもう一つの別の考え方を関係づけたい。この考え方は、世界の具体性、その荒々しさの試練を受けている女たち男たちの経験、国境を通過するという、時間と空間の中に広がり得る彼らの経験からやってくる。そしてまさにこの境界的状況の中で、他者との関係が直接的に試練にかけられる。この他者とは、国境に到着してそこに自身を見出すことになった者にとって、世界とは何かを具現するところのものである。

私たちは先に、ジグムント・バウマンが立てた「グローバル人」と「地域民」の対比を見た。この対比は強い象徴的な重みを持ち、誰もがそれを容易に感じ取ることが出来るし、それはしばしば、ポピュリストの政治的な回収——「国民的アイデンティティ」といった——の余地を与える。しかし、私たちはこの回収に部分的に反論することが出来る。つまり、バウマンが二〇年ばかり前に「地域民」と呼んだ女たち男たちは、彼ら自身で、可動的なものとなるからである。彼らは、それぞれのやり方で、かつ強いられて、それがコスモポリットな経験であることをあらかじめ知ることはないとしても、そのようなものとなる。したがって「地域民」は、次第に大きく自分の位置をずらしていく。それこそが新しい点なのだ。そして彼らは、人々が「強制された移住」を語るときに一般的に意味するよりももっと広範に、強制と決断のさまざまな形態の下に、そうした動きを実践する。

この新たなるコスモポリスに注意を払おう。未完了な移動の行路のなかに引き入れられ、町中での捕縛に、砂漠あるいは海での死の恐怖に脅かされて、移動民たちは昔ながらの生を生き直す、つまり、キャンプで賤民《パーリア》の生を、海、森、砂漠で放浪者《エラン》の生を、意に反して不正規の状況にある都市の労働者また農業の季節労働者としてのよそ者《メテック》の生を、生き直す。彼らは皆、目指している社会のそして町の境界で堰き止められているのと同じように、現実の生の境界で堰き止められているように見える。しかし、まさにそこで、すなわち時間と空間のなかに拡がるもろもろの境界の中で、彼らはコスモポリットとなる。彼らは自分自身から、そしてアイデンティティを備えた彼らの「自己」から出て、いくつもの国々をゆっくりと横断し、いくつもの言語のうちでいくつかの言葉を話さなければならない。彼らは複数の国々の現実に衝突して、起伏に満ちた困難の試練を受ける。国民国家の苛酷さにぶつかり、警察や留置所を経験する。同情心ある国際援助組織に出会い、人権について語られるのを聞き、キャンプで世話を受ける。また囲い込まれた土地に住まう沿道の住民たちの恐怖に出会うこともある。彼らは自分たちの恐怖を乗り越えることを学び、前進しつつ生き延びることが出来るようになる。こんなふうにして彼らは、世界に関する具体的な認識を獲得する。この認識は、自分はコスモポリットだと信じている「私たち」には、これほど身体的にかつ力強くは持ち得ないものだ。というのは、私たちの場所の移行は、保護され、安全で、そしてしばしば快適なものでさえあるからだ。今日の追放された者たちのコスモポリティスムが持つこの実践的な知性は、境界域における試練と、生の様態としての脱中心化から生まれる知性である。あらゆる時代の被追放者たち、あらゆる社会状況からの被追放者たちは、そのことをよく知っている。

二〇年ほど前から、社会科学の複数の業績は、移動に関する中心性と呼ぶことが出来るであろうものを提示して、世界の変貌をひろく一般的に理解しようとしてきた。ニーナ・グリック・シラーは、一九九〇年代の半ばに、移動民のコスモポリティスムに関する考察を導入して、次のような点を、つまり移動民は「一つ以上の社会の中」に錨を降ろしているということ、そして国家を横切っていくような生き方が、移動民個人とその家族の日々の経験を貫いているということを強調した。フランスにおいては、社会学者でも民族誌学者でもあるアラン・タリウスが同様に、「横断的移動民」と移動民の中でももっとも貧しい者たちを、固有の人的つながりと領域を形成するある特異なコスモポリティスム、つまり「移動的コスモポリティスム」の担い手だとしている。ブラジルにおいては、人類学者であるグスタヴォ・リンス・リベイロが「民衆的コスモポリティスム」を観察してきたが、それは街頭における、またイグアスの三カ国（アルゼンチン、ブラジル、パラグアイ）の国境地帯*における、そしてより一般的には非公式の経済活動における、移動民労働者に関する調査から出発してのことだった。最後にニーナ・グリック・シラーは、国家横断的な移動民に関する彼女の先の考察を延長して、最近「誰のコスモポリタニズム？ Whose cosmopolitanism?」という問いを提出している。どんなコスモポリティスムについて、人は語っているのだろう？　それは誰のコスモポリティスムなのだろう？　そしてそれは、同時代のどんな社会的プロセスに、どんな熱意に、どんな欲望に呼応しているのだろう？　これらの著者全員が、移動という現象が地球規模での社会的かつ文化的な変化にもたらしたものは、相当な重要さを持つことを認めている。

＊　イグアスは、ブラジルのパラナ州の都市。イグアスの滝があって、アルゼンチン、パラグアイの国境に近い。

私の側から言えば、複数の境界的状況について行った人類学的な調査によって、ある一つのことを確信させられている。それは、ある一つの場所に「定住」している人々が、他所からやって来た移動民たちに対して異様さの感情を持つことがあるとしても、この移動民たちは、彼らが出発した場所に対して領土的、家族的、文化的に繋留されているという状態からすでに抜け出ている、という点である。私はもっと前のところで、国境地帯に停留中の人々に脱アイデンティティ化の作用が働いていることを示唆しておいた。私たちはもっと進んで、アイデンティティに基づく罠（民衆的であると同時に学者にもみられる罠）の持つ幻想を批判することが出来る。すなわち「アウトサイダー」たちはすでに、彼らに割り当てられているアイデンティティ――「定住者」たちが自分の手元にある国民的、民族的、人種的なレッテルを使って割り当ててくる――に対応しない。これが移動民の持つ二重の脱アイデンティティ化である。彼は第一に、彼が出発した社会のアイデンティティにもはや呼応しない。第二に、到着する社会が指定するアイデンティティにも呼応しない。だからもう一つの考え方、すなわちコスモポリットな主体という考え方が必要となる。それは「他なる主体」のことである。他なるというのは、この主体は、二重になったコンテキスト（受け入れ社会あるいは国境という場所）の中で、割り当てられるアイデンティティに反抗しつつ生きることで、その割り当てから離脱しているからだ。この離脱、すなわちそれによって引き起こされる象徴的な空虚は、移動民に、移動を実際よりも美しいものにしたいという欲望を引き起こすことがある。彼はそこから神話的な物語を作り出し（ある者たちは移動を「秘技伝授《イニシエーション》」として語る）、自分を想像的な世界へと投げかけ、自分自身のイメージを作り直し、「冒険者」として自分の物語を構築し直すことがある。

境界に満ちた世界

私たちは次のように言うことで、こうした全体を要約し、コスモポリティスムの通常の定義への批判に戻ることが出来るだろう。第一に、私がここで語っている、居所を替えていく人々は、無菌化され欠けるところのないあぶくの中を巡回しているグローバル階級から遠く離れている。第二に、彼らは、時に道を交わらせるとしても、世界市民としての権利を誇示する者たちとは異なっている。第三に、彼らは、メディアによってグローバル化された危機や見世物《スペクタクル》についても、この惑星のほかの住民たちに較べて、より多く意識的であることも、より少なく意識的であることもない。彼らのコスモポリティスムは、ほかのところにある。それは、彼らが必然的に世界を思考し続けている——彼らがそうすることを望まずまた計画していなかったとしても、また彼らがそうすることに関する個人的な理論を前もって構築していないとしても——という事実に由来する。彼らはエマニュエル・カントのコスモポリットなリアリズムの形態を実験している、つまり、〈大地は丸いから……〉には、私たちはお互いに十分に理解し合わなければならない、という事実を実験しているのだ。彼らが明らかにする事実、私たちは地域的つまり国家的という活動領域を越え出る世界の中にいるという事実は、必然的に、強く実感され、痛みを伴い、危険を孕む経験となる。しかし、この事実は、同じくらいに、自分自身の住み処にいることから遠く離れた未来に向けての、つまり事実上の複層をなす地域性の中で構築される未来に向けての、期待と希望と企てに満ちてもいる。それは実践的なコスモポリティスムであって、世界に関するこの経験の現実性を証明するためにグローバル主義者の言説を必要としない。それはすでに事実の状態にある。つまり私たちは現実に、数々の境界に満ちた世界の中に存在しており、そして自分の日々の生活を組織することのうちで、また社会の中での自分の位置を決めることのうちで、世界との関係を整えなければならない。

これを平常性のコスモポリティスムとしよう。このコスモポリティスムは、それが境界域についての具体的で、日常的で、ありふれてもいる経験から出てきたものである限り、それについての考察が移動民たちのさまざまな社会的カテゴリーや民衆的諸階級の上に広げられるとしても、本質的にはそれらの要件に縛られない。このコスモポリティスムは、社会的カテゴリーよりもっと広範で、境界に関わる経験と思考を結び合わせるあり方であって、ひとつの新たなコスモポリスであり、特定の社会的カテゴリーとは切り離し得るのだ。移動民たちのこの経験から、私たちは世界に関する脱中心化された視点を引き出すことが出来る。それはまた哲学者であるセルア・リュスト・ブルビナが擁護しているものである。彼女はエドワード・サイードの著作（とりわけ『故国喪失についての省察*』）に依拠しながら、もっとも明瞭に脱植民地主義化された、すなわちどんなレッテル貼りからも解放された思考を、彼女が「間の世界」と名づけるものの中に位置づける。それは移動民たちの経験によって、また旅することに由来する彼らの「具体に基づく知識」によって形成される、「間」であるところの諸世界のことである。

＊　原著は二〇〇〇年の刊行。邦訳はみすず書房、二〇〇六年、大橋洋一他訳。

私が自分の調査から出発して引き出し、そしてある方法によって普遍化できると信じるイメージがある。それは二つのものの間の空間というイメージである。脱中心化された経験が繰り広げられる空間があって、その空間が増殖し多様化するというのが現代の傾向の一つであり、私たちはその動きを至る所に見ることが出来るのだ。そのうえ、世界の中に存在するというこの術《すべ》、それは境界領域で学ばれるのだが、その術には周囲に反映するという性格が必然的に伴うのであって、この性格は、境界上の位置が持続され反復されることによって増幅される。国境の空間的また時間的な拡大とともに、こうしたあり方は、グローバルな文化として生成しつつある境界的文化の前駆的形態となる。重要なのは、人々が今日コスモポリティスムについて語るときに想定されているコスモポリティスムと較べて、より広範で普遍的な、かつより真実で真正なコスモポリティスムがあることだ。前者のコスモポリティスムは、先に指摘したように、現在流通している諸概念——グローバル・エリート、疑似グローバリゼーション、グローバル化された意識——に従ったものにすぎない。

そのうえで、コスモポリットの思想が、上層グローバル階級によって、世界市民のコスモポリット性によって、あるいはメディアによってグローバル化された意識によって独占されていることは、確かに政治性を帯びる問題となる。解釈のこの違いは、まずコスモポリティスムが、グローバルな可動性とまったく同様に、複数の社会的不平等の刻印を受けているということを、次いで、コスモポリティスムの定義はある葛藤の対象となるということを、意味する。人がコスモポリティスムについて語るとき、何よりもまず、誰について語られているのかをいうことが重要だとする(「誰のコスモポリタニズム? Whose cosmopolitanism?」)なら、同じように最後には、コスモポリティスムについての、その場所についての、そこで生きられている生活についての、可能な最上の叙述はどんなものか（「どんなコスモポリティスム？」）を知ることも重要となる。
未来に照準を向けようとするなら、ありふれていて日常的なこのコスモポリットのあり方は、現今の社会学的な構成要素に還元されてはならない。このあり方は私たちを、世界のうちでの位置づけに立ち戻らせる。それは今日、葛藤に満ち、つまりは暴力的な国境の経験のことである。同時にそれは、グローバリゼーションを通して増幅させられ、私たちの誰もがそれとともに生きることを修得しなければならないような経験でもある。この経験の修得はおそらく、共通な世界を形成するための、またすべてがなお想像すべき状態に止まっているコスモポリット性を形成するための鍵の一つになるだろう。

原注

（1）この情景に関するより詳細な記述と分析は、*La condition cosmopolite*〔コスモポリットの条件〕, La découverte, 2013. の序論に紹介されている。

結論　バベル的世界の政治《ポリティック》

二〇一五年、世界は、パトラの国境の光景――先に叙述した――が、どんなふうに場所をずらし、倍加されて、ヨーロッパの数十あるいは数百の場所に現れるかを見た。同時に、ギリシア、イタリア、マケドニア、ハンガリー、あるいはオーストリアの国境で堰き止められた、移動民たちの長い列のテレビ映像が、繰り返して放映された。フランス北部の国境の町であるカレーで、その港の近くで、英仏海峡下のトンネルの入り口で、「ユーロスター」によって海峡を越えようとする夜陰に紛れた試みは、日常的だったし、またパトラにおけるように、港へ通じる自動車道路上で、トラックの後部から何人かを潜り込ませるような試みも、日常的だった。これらの試みは、新聞の第一面を飾り、そして現地の支援団体によるなら、二〇一五年には十九人の死者を、そして同様に無数の負傷者をもたらした。彼らは列車から転落し、また車に跳ね飛ばされたのである。

二〇一五年のヨーロッパでの「移動の危機」のメディア化された政治的なコンテクストのうちで、カレーの移動民たちは、国民国家の国境を閉鎖するというメッセージを世界に向かって発しようとしたヨーロッパ的「統治」の、奇怪な効果を象徴するものとなった。しかし、この閉鎖は、非現実的であるのと同じくらい不可能なものだった。大ブリテン島に向かう国境を合法的に越えることが出来ないために、そしてフランスとイギリスの警察に日々直面しつつ、カレーの移動民たちは、町と港の間で、ほぼ毎日自分たちの存在を明らかにする活動を始めた。彼らはプラカードを掲げ、スローガンを叫び、フランスとイギリスの政策の非人道性を告発する公開状を配布し、国境の開放と人権の尊重を求めた。

移動民たちが政治化したことは、もろもろの注釈の中で一般的には矮小化され、それよりも、犠牲者とか犯罪者とか、また恐怖とか同情とかという、期待に添うような形象が前面に押し出される。けれども、カレーにおいては、ヴェンチミリア、トルコ、あるいはギリシアにおけると同様に、国境で押しとどめられ、しばしばキャンプに収容された移動民たちは、本物の政治的な言説を手にすることになる。彼らは自分たちに対して不正義また暴力として現れてくるものに対して、自らを政治化させる。そして抗う者として自分たちの存在を表明するのだが、その時「人間の諸権利」というものが、「自由」「敬意」「人間性」などの言葉を伴って、その言語的活動を創出する。この言語活動は、共通で普遍的な政治の言語となる。そのことを示すのは、たとえば、二〇一六年一月二十二日にカレーの港での、フェリー船スピリット・オブ・ブリテン号が、数十人の移動民によって占拠された事件である。この占拠は明らかに政治的な振舞いであって、絶望した者たちあるいは背後から操られた犯罪者たちの引き起こした行動――そのように注釈されたけれども――ではなかった。関係する国々の政府がそのことを認めず、移動民たちを治安上の案件、そして場合によっては人道上の案件として扱い続けるとしても、移動民たちが表明するのは、政治の形態――争いの中心に国境と人間の可動性を位置づけ、そしてコスモポリットな主体の政治とは何かについて考えさせるような政治の形態――である。カレーのあの光景は、国境で堰き止められた移動民たちによる街頭での抗議活動をともなって、来たるべき世界の前兆となる政治性を帯び、ヨーロッパの反

1989年11月創立　1990年4月創刊

一九九五年二月二七日第三種郵便物認可　二〇一九年七月一五日発行（毎月一回一五日発行）

月刊
機
2019
7
No. 328

発行所　株式会社 藤原書店©
〒一六二-〇〇四一　東京都新宿区早稲田鶴巻町五二三
電話　〇三・五二七二・〇三〇一（代）
FAX　〇三・五二七二・〇四五〇
◎本冊子表示の価格は消費税抜きの価格です。

編集兼発行人
藤原良雄
頒価 100円

〈特別寄稿〉「一国二制度」の香港は、内地化に対してなぜ立ち上がったのか？

香港二百万人デモの真相

中国近現代思想史　王　柯

Photo by Etan Liam

六月三日、つまり香港政府が提出した「逃亡犯条例」改正案に対する大規模抗議活動が起こった数日前、香港立法会（議会）の保安事務委員会会場においても奇妙な一幕があった。郭栄鏗議員が香港保安局長李家超氏に、「中国内地には司法の独立があると思うのか」イエスかノーで答えるよう、八回にわたって質問したにも拘らず、李氏は直接返答を拒んだ。「逃亡犯

● 七月号目次 ●

条例」改正案の問題構造と抗議運動の本質を、如実に映し出した一幕であった。

「司法の独立」が否定される中国

犯罪者の引き渡しは本来治安のためだが、周知のように、現代社会の成立に不可欠な「憲政民主」と「三権分立」、特に「司法の独立」は、中共政権下の中国において「間違った西側の価値観」として公然と否定された。二〇一七年一月、最高裁判所長周強は、全国裁判所長会議においてその正当性を強調し、司法も必ず党の指導を受けなければならないとした。

実際、司法当局が党の意志を受け「犯罪者」を恣意的に認定することは、日常的に起こっている。ごく一例だが、二〇一五年七月、全国で百人前後の「人権弁護士」が一斉に拘束され、多くは「国家政権転覆煽動罪」で起訴された。迫害された法輪功信者を助けた王全璋弁護士もこの際に突然「失踪」させられ、今年一月、四年半の刑期を言い渡された。家族は拘束先も知らされず、法廷傍聴も面会も大阪G20直前まで一切許されなかった。

また、中国公安による拉致事件は、すでに国境を越えている。二〇〇二年、中国の民主化運動指導者だった米国籍の王炳章氏が中越国境地帯で拉致。一五年、スウェーデン国籍の桂敏海氏が、習近平に不都合な書籍を出版する直前にタイで拉致、同時に彼が経営する香港の出版社社員も香港で拉致された。桂氏は一二年前の交通事故の罪を「中央テレビ」で認めさせられ、スウェーデン政府の助けを受けようとした瞬間に、中国の国家機密を他国に提供した疑いで再び拘束された。

これらの事実は、中共政権の恐ろしさを世間に知らせた。今回の条例が成立すれば、検察・警察は司法の名の下に、気にいらない人物に無実の罪を着せて香港政府に逮捕と引き渡しを要求し、意のままに中国内地で処罰できる。その対象には、香港市民だけではなく、ビジネスや観光で香港を訪れる他国籍者も含まれる。

「内地化」圧力への激しい抵抗

イギリスの植民地時代にできた香港の司法制度は、中共政権のそれと完全に異なるため、返還直前にできた「逃亡犯条例」の対象国から中国が除外された。これは香港の「一国二制度」の内容に含まれ、その陰で返還後の香港がしばらく世界金融センターの地位を保ち、中国の経済発展に大きく貢献した。

しかし思想・言論・出版の自由がある程度保たれた香港は、中共政権の目の上のたんこぶだった。香港経由で民主主義が中国内地へ蔓延することを防ぐため、中共政権は香港のマスコミを次から次へと買収し、民主派を様々な手段で虐めた。**二〇〇三年**、国家分裂・政権転覆・国家機密窃盗の禁止、外国の政治団体組織との連絡の禁止、外国の政治団体組織による政治活動の禁止などを「香港基本法」に盛り込むこと（第二三条）を強要。**一一年**、「愛国主義」を促す「徳育及び国民教育」を学校カリキュラムに押し付け、事実上の中国内地化を狙った。いずれも香港市民からの強い抵抗を受けた中共政権は、更に**一四年八月**、自ら決定した「香港政制改革」を押し付けようとしたが、直接選挙を要求する学生を中心とする大規模な抵抗運動（雨傘運動）を誘発した。

　香港では直接選挙が認められず業界別選挙が主となるため、中国内地を市場とする経済界エリートが多数を占める選挙人団は、必ず中共の意中の人を行政長官に選んできた。そのため、本来香港人の利益を守る立場にある行政長官は中共の指図で動き、今回の条例改正も、中共政権の指示でなければ、行政長官が自ら中共に媚びた行為であると香港の市民たちに強く疑われた。ますます現実になってきた香港の内地化の前で、**中国人の世界では政治に最も無関心とされてきた香港市民がついに立ち上がり、抵抗し始めた。**

　数日のうちに大規模な抗議活動が二回もおこり、インターネットを通じて活動を知り自発的に参加した市民も大勢いるため、今回の抗議活動は中国内地からの新移民を含む香港市民による抵抗運動の始まりと言っても過言ではない。参加人数は諸説あるが、史上最大規模であることは警察にも認められた。**特に注目すべきは十代を含む若者が多数参加したことで、抵抗の思想が香港社会にすでに深く根を下ろした。**これが香港の将来、そして一党独裁が続く中国の将来に如何なる影響を及ぼすのか、注目に値する。

　ちなみに、香港のデモのニュースは中国国内では完全に遮断され、そのニュースを得ていないか若者の携帯をチェックする警察の姿がネットにアップされた。「小さな火花も広野を焼き尽くせる」という毛沢東の名言があるが、火種である香港をつぶさない限り、民主化がいつか内地に飛び火してくると、中共が一番分かっているかもしれない。

（おう・か／神戸大学教授）

後藤新平と実業家たちに共通する公共・公益の精神とは？

後藤新平と五人の実業家

——渋沢栄一・益田孝・安田善次郎・大倉喜八郎・浅野総一郎——

由井常彦

後藤新平と渋沢・大倉・益田

後藤新平と、有力な実業家たちとの密接な関係ができたのは、台湾銀行・台湾製糖の創立にかかわるものである。渋沢栄一（一八四〇—一九三一、第一銀行、東京商業会議所）、大倉喜八郎（一八三七—一九二八、大倉組、大倉商業）、そして益田孝（一八四八—一九三八、三井物産）の三人が最初のグループである。渋沢は、よく知られるように財界のリーダーで、国内ばかりでなく、朝鮮（韓国）と台湾の産業開発にも意欲的であった。大倉喜八郎はもともと誰にもまして海外における企業家活動の先駆者であって、台湾には早くから上陸しており、台湾の役（明治七年）には兵站を引き受け、この頃はオフィスを設けて樟脳の取引を手がけていた。三井物産の益田孝は、当時九州の三池炭の中国への売込に大いに努めており、台北は上海や厦門と同じ経済圏でもあるうえに、砂糖は当時もっとも将来性のある商品で、三井銀行でも投資に賛成であった。これら三人の実業家は、天保生れで、明治初年以来の旧知己であった。ともに政府の方針には敏感で、ビジネスの利害はもとより、私的な生活や趣味においても懇意の間柄であった。

都市計画に関心をもった安田、スケールの大きさで相通じた浅野

大倉や益田に遅れたが、銀行家の安田善次郎（一八三八—一九二一）や向こうみずの企業家浅野総一郎（一八四八—一九三〇）も、後藤新平の関係者に加わった。安田善次郎（渋沢・大倉と同世代）が後藤新平に近づいたのは、大正時代になってから、後藤新平が次々に雄大な都市計画の構想を打ち出してからのことである。安田は、銀行家として大成する過程で、薄利であっても、取引額が非常に大きく、リスクの乏しい公債に関心を高めていた。したがって内務大臣、ついで東京市長を歴任する後藤新平の思考、構想には大きなそして真剣な興味をもつにいたった。

後藤の構想は、大正期の経済界ではあまりに大きく、「奇抜」な案として敬遠されがちであった。だが、安田善次郎は、「勤倹」「吝嗇」とのイメージとはうらはらに、真剣にうけとめた。第一次大戦後の好景気をへたのち安田財閥は、資産数億円に達する大銀行となり、老齢となった善次郎は次世代への配慮から、後藤に異例な関心をもったことは不思議ではない。

　浅野総一郎は、上記の三人よりも年下で、大正時代になって、セメント業で異例な発展をとげた。セメントに満足せず、大正期になって海外定期航路の海運業の経営にのり出した。異端ともいえる実業家である。「大ぼら吹き」と称されたから、後藤の「大風呂敷」の政治家とは相通ずるところがあった。事実浅野の東洋汽船が、後藤に後援を求めたことから両者の関係が緊密となっている。

▲由井常彦
（1931-　）

　上述のように、渋沢・大倉・安田・益田・浅野は、後藤新平としばしば協力・支援・理想を共にしている。だが過去において、これら実業家と後藤新平との関係をとりまとめた学界内外での研究は、見当らない。

　本書はこの点に焦点をおいて調査した結果の集成である。最初の試みとして各実業家の出生から経歴と企業家活動をひととおり記し、そのなかで後藤新平とのかかわりも考察することとしている。

（全文は本書所収　構成・編集部）

（ゆい・つねひこ／三井文庫文庫長・経営史学）

社会に「国境」が遍在するなかで、「歓待」を実現する思想とは何か？

人類学から捉えた「移動」論

――アジエ『移動する民』刊行に寄せて――

吉田 裕

二〇一五年のヨーロッパの経験

ミシェル・アジエは、一九五三年生まれ、民族学および人類学の研究者で、現在はパリの高等研究院EHESSの研究指導教授であり、ヨーロッパの都市での、また中東やアフリカでの現地調査に、あるいは国境開放などの運動に実践的に関わっている。国境なき医師団の理事会メンバーでもある。彼の関心は、グローバリゼーションによって加速されたその動きの中で、他者、他の文化、他の社会に衝突しながら、人間がどのように変化するか、また同時に、その衝突を受けた側の人間、文化、社会がどのように変化するか、ということに向けられている。

二〇一五年、アフリカから地中海を渡って、また中東からバルカン半島を越えて、難民と呼ばれる多数の人々がヨーロッパに押し寄せた。この動きは、やって来た人々の間には、数千を数える死者をもたらし、彼らの到来の地となったヨーロッパの社会には、受け入れと拒否をめぐる混乱を引き起こした。この動きは一九九〇年代末に始まって二〇一五年がその頂点となったのだが、まずは難民と呼ばれた外国人のこの大量の流入は、これまでの見方によっては理解し難いものだった。多くの場合、人々は、ただそれを政治的な対処の問題として応じることしかできなかったように見える。つまり、難民がどのように救助され受け容れるか、キャンプ地がどれくらい設置され、どの国がどれくらい受け容れるか、費用はどのように分担されるか、そしてどのように送還されるか、などが対応すべき問題だという発想しか持ち得なかった。

「移動」とは何か

むろんそれらは不可欠な対応だったが、政治的視点からの発想に対してアジエが提起しているのは、**人類学的な発想であり、移動がなぜ起きるのか、そして接触は現場で実践的には何をもたらすかに注目することだった**。彼はグローバリゼーションが見たところ国境を消滅させるようでありながら、**同時にいくつもの別種の境界と差別を露呈させることを明らかにし、人々が意図してあるいは強制されてそこに留まることで、ある種の変容が引き起こされること**を明らかにする。移動して来る人々は、自分のアイデンティティを持続させて侵入してくるのではなく、それを変容させ失いつつ移動してくるのであり、それは反対側では、定住して侵入を受ける者たちのアイデンティティも変えていく。その出来事に的確に応じることの困難を認めた上で、彼は国境の状況を検討する。そして動きの結果として、**変化は、国民というアイデンティティと近代国家という枠組みを揺るがせる作用を持つであろう**ことまで推測する。同時にこの研究は、**人間はなぜ移動するのか**、という原点に向かっても深化する。

▲M・アジエ（1953-　）

このような見方は、日本にないとは言えないが、現実性を持って実感されるところまでは来ていないだろう。二〇一五年を頂点とする一連の動きの報道の中で、政治的以外の見方が提示されることも少なかった。だが、人間のこうした動きは、これから先、私たちに無縁のままではないだろう。フランスあるいはヨーロッパは、その困難な問題にたしかに先行してぶつかっているのであって、その経験についての考察は、翻訳紹介する意義を持つだろうと考えた次第である。

（全文は本書所収　構成・編集部）

（よしだ・ひろし／フランス思想）

広島の演劇史に埋れた名作『河』。その現代に与える意味とは？

ヒロシマの『河』

――劇作家・土屋清の青春群像劇――

土屋時子

劇作家、土屋清と『河』

この本は、昭和五（一九三〇）年に生まれ、戦争と政治に翻弄され十代の青春期を九州で暮らし、昭和三十（一九五五）年から亡くなる昭和六十二（一九八七）年まで、広島の地で「演劇」に人生をかけた「土屋清」の生きかたと、半世紀以上経っても色あせずに残っている名作『河』の軌跡を追うものである。

『河』は、原爆投下後の廃墟から奇跡的な復興を遂げた広島の、「炎の時代」を描いた物語であり、「原爆詩人」峠三吉（一九一七―五三）がその仲間と共に、理想とする社会の実現に向けて葛藤しながら、時代を駆け抜けていった「青春群像劇」である。一九六三年、原水爆禁止運動の再出発となった世界大会で衝撃的に登場し、広島以外の京都、大阪、東京でも上演された『河』。

一九七〇年代から八〇年代においては全国の地域劇団や専門劇団でも多く上演され話題となった。しかし一九八八年の「峠三吉没後三五年・土屋清追悼公演」以後、広島での上演は途絶えていた。「峠三吉生誕百年、土屋清没後三〇年」にあたる二〇一七年に、もしも『河』が再演されていなければ、永遠に話題となることはなかっただろう。つまり記憶＝歴史に残ることはなかったと思う。

『河』の復活の意味とは

二〇一七―一八年は私の人生にとって忘れられない年となった。二〇一五年十二月に大阪の「劇団きづがわ」が上演した『河』を観て発奮した。「創作劇『河』は過去の作品ではない。今こそ広島で上演されるべきだ。峠三吉生誕百年という記念すべき年に再演しなくていつできるのか！」と自分自身に檄を飛ばし、その日から二年間、なりふり構わず突き進んだ。

『河』上演においては数えきれない感動的な出会いがあり、それが素人の市民劇に力を与えてくれた。伝説的な芝居には芝居以上のドラマが残ると言われる。

▲土屋清
（1930–87）

「ヒロシマの空」を書いた林幸子さんの孫娘・中山涼子さんとの運命的な出会い。彼女は腰が重い私の背中を押してくれ、ヒロインである祖母の役柄を見事に演じてくれた。一番の悩みは、多くの人が仕事と稽古の両立が厳しい労働条件を抱え、稽古時間が足りないことだった。また予期せぬ豪雨災害がおこり稽古が中断した時もあった。だが誰一人あきらめなかった。ある意味では、その困難さの中で一人ひとりが、『河』の厳しい時代を追体験し、それが力になったのだ。

　出版については、初めて『河』に出演した研究者の発案で実現した。「舞台は時がたてば消えてしまう、公演だけでは足りない。演劇史の中で、全国的には決して有名でない作家による作品が、繰り返し上演されてきたことは珍しいことだ。広島の戦後史、社会文化史、平和運動史を再考するため、演劇史の中に埋もれた名作に焦点を当て、土屋清の仕事を通して、ヒロシマの過去、現在、未来を問うてみたい」と提案してくれたのだ。

　私は京都公演終了時には、出版のことなど考えてもいなかった。舞台における俳優の芸術は瞬間的なもので形を残さないのが必定と思ってきたからだ。時代を超えて、戯曲という作品は、また劇作家は生き延びていけるのだろうか。出版はその問いを見極めるためでもある。

（全文は本書所収　構成・編集部）

（つちや・ときこ／広島文学資料保全の会代表）

真に「書くべき程の事」を、鮮烈に書き留めた詩的批評文集

詩情のスケッチ——批評の即興

新保祐司

「人間」が価値基準だった近代

キルケゴールが、「水平化」という言葉を、普通日本で『現代の批判』と訳されている著作（桝田啓三郎訳）の中で使ったのが、十九世紀半ばのことであった。「要するに、近代は多くの変革を通じて、すでに長らく水平化の方向に向かって進んできた」のであって、「善良な人ならだれでも水平化の遣る瀬なさに泣きだしたくなる瞬間をもつことであろう。」と書いたのであった。波多野精一のいわゆる「左右に平穏に延びつつあった直線」が、ますます太く強固になって行ったのが、近代ということであろう。今や、現代において水平化の作業はすでに完了したとも言える「時」に差し掛かっているのだ。すべての線が、「水平」線になった。下よりの、即ち人間からの垂直線は、すべて水平線と化したのではないか。人間からの垂直線は、それはあるいは理想主義のこともあり、ヒューマニズムのこともあり、人間の愛というものであることもあるであろうが、それらは結局水平線になってしまう定めなのである。真の垂直線は、常に、絶対的に「上より」のものではないであろうか。下よりの、人間からの垂直線は、真の垂直線ではないのだ。

近代とは、下よりの線が多く引かれた時代であった。その線は、多くは曲線であったし、その中には、実に美しい曲線もあったのである。マルクスの「下部構造」もフロイトの「意識下」も、みな下よりの線であった。それは、ある意味で魅力に満ちた直線や曲線であり、近代の思想や芸術はこれらから形作られたのであった。

「上よりの垂直線」を希求して

今日、水平線が多く引かれ、「水平性」が重く精神にのしかかっているが、そもそも精神が精神として覚醒するのは、それは「上よりの垂直線」に差し貫かれる「時」ではあるまいか。「突然現はれ出でたる上よりの垂直線によつて切断さ

れる」「時」（波多野精一）ではあるまいか。キルケゴールは、「少しばかりの」という言葉を痛烈な批判を込めて使っている。「少しばかりの幻想」「少しばかりの決心」「少しばかりの勇気」「少しばかりの信仰」「少しばかりの行動」といった具合に、「水平化」の時代の人間の精神の「微温《ぬるき》」特徴を抉っている。

今日のように、「少しばかりの永遠」と「少しばかりの」超越と「少しばかりの純粋」と「少しばかりの」理想と「少しばかりの」彼岸と「少しばかりの」愛と「少しばかりの」絶対と「少しばかりの」他者といった調子で、全てを「少しばかりの」という及び腰の姿勢で取り扱っている現代の人間は、その「安住し」た文化の中にいる現代の人間は、今や再び「突然現はれ出でたる上よりの垂直線によつて切断される」ことが必要になっているのではあるまいか。もはや、近代は終焉を迎えている。ということは、下よりの線から、人間からの線から、意義あるものが生まれる時代が終わったということなのだ。

私が、水平化の世界に生きつつ、いつも願っていたものは、「上よりの垂直線」を招来することに他ならなかった。そこに「見るべき程の事」は、「不意の出現」をし、そこから詩情が生まれるからだ。そして、人間に出来ることは、それをスケッチすることだけである。

（全文は本書所収　構成・編集部）

（しんぽ・ゆうじ／文芸批評家）

▲新保祐司氏（1953-　）

六月十六日に行われた「金時鐘さん生誕九十年、渡日七十年」の会

知らず知らずで、戦前回帰。

金時鐘

戦争をしでかした側として

長年の日本の友人たちの心づかいがありがたくて、本日の集まりとはなりました。このようにも私的な集まりにもかかわらず、わざわざ出向いてくださったばかりか、飾り付けの花環から身に余る祝辞までたまわりました、駐大阪大韓民国総領事、呉泰奎《オテギュ》先生の特段のご厚誼に、ふかぶかと感謝申し上げます。（中略）

九旬とありがたがられる九十歳の年波なんぞ、今ではざらにそこらにいる一人の私にすぎません。私が齢《とし》を取ったのは年月が流れていったせいではないのです。私を置き去りにして年月は永遠に、アンドロメダ星雲の彼方へ去ってしまいました。取り残されて、私がしなびたのです。移りゆく時代からさえ落ちこぼれてきた私の、思いの一端でも並べて、あいさつに代えるとします。

戦争をしなくちゃどうにもならないなどと、余りにも明け透けに憲法九条に悖る発言をした衆議院議員、丸山何がしに対して、市民からの批判がこのところ相次いでいます。おとなしい日本人にしては珍しい、表立った非難です。まっとうな批判がいま起きているわけではありますが、本当に日本の国民は怒っているのでしょうか？

平和憲法といわれている現憲法を「みにくい憲法」とまで見下げてきたのは、長期政権を誇っている現総理大臣の安倍首相でした。その安倍内閣によって安保関連法制法案は強行採決され、禁じられていた集団的自衛権行使まで容易になりました。これでアメリカ軍が赴《おもむ》くところなら世界のどこへなりと連れ立って自衛隊派兵ができる、戦争ができる国の日本になれたというわけです。丸山議員の発言はむしろ、そのような防衛政策に裏打ちされて浮かれてしまった、発言だったとさえ私には思えます。ですのに、政府の安保政策に市民の声が広く、表立つことは依然としてありませんよね⁈

戦前の国家主義教育に比べての評価で

はあったのでしょうけど、戦後の教育を民主教育と呼んできました。ところが実際は、明治以後百数十年にわたる近現代史に、戸を立ててきた教育でした。近隣諸国を侵して富国強兵を目指した史実の一切を、教育からはずしてきたのです。丸山議員はその典型の一人と言っていいでしょう。戦後世代の親からついに、純粋培養の子が生まれて、少壮気鋭の政治家に育っているのです。そのように育てた人たちが今、政治家としての丸山議員の資質を問うています。

　丸山議員への反発は新聞の読者の声欄にも現れていて、戦争のむごさ、悲惨さを語り継がねばと親から聞いた話や、自己体験を記した投書をよく目にします。その思いは大いに共感をそそるものではありますが、このような良心の発露はやはり、一般論にすぎる反戦意識だと、敢えて言わねばなりません。戦争をしでかした側の悔やみよりも、戦争で蒙った悲惨さにより重点がかかっているからです。

▲金時鐘氏（1929-　）

偏っているのはどちらか？

　最近目立つことの一つに、公民館等の公共施設を反政府気運の集会や、憲法擁護、反原発、辺野古基地反対等の色彩を帯びた市民集会には使わせない動きが、各地で起きていることがあります。政治的に片寄っているとか、左翼的で内容が過激にすぎるとかがその主な理由だそうですが、結社、集会、言論の自由を言い立てるのも殊更なことのようで鼻白んでしまいます。定住外国人の私が身ぶるいを感じるのは、周辺住民のその無反応ぶりです。左翼、過激はイコール「アカ」に連動する感覚を、日本の国民は明治以後の伝統的な習い性のように受け継いでいますので、それはそのまま意識しない賛同ともなってつながり合っている、共通の気質みたいなものでもあります。このような拒否感覚は保守系の集まりには一切働きません。本当に、どっち側が片寄っているのでしょうか？

　加えて昨今とみに、サムライ礼賛がつづいていますね。スポーツにまで「サムライ日本」とはやしたてられ、先だって大関に昇進した力士は「武士道精神を尊び」とまで、誓いを立てていました。サムライとは主君のために死ぬ者のことです。明治維新以後その「主君」が「天皇」

に置き変えられて、「大君の辺《へ》にこそ死なめ」の軍国思想の下地ともなりました。「サムライ」は今もって国粋主義の苗床でありつづけている、日本人的誇りの感情です。

文学という、多岐多様な人間模様を作者の想像力によって構築した世界を通して描きだす芸術創造の世界にあっても、腑に落ちないことが依然としてつづいています。三島由紀夫文学賞と言えば、小説家を志す新人の登龍門として名だたる賞です。小説家で劇作家でもあった三島由紀夫は、それほどにも社会的信望を集めている文学者ということにもなります。が実際は、絶対者への希求が高まって急激なナショナリズムに執り着き、自衛隊員の決起を声高に叫んで割腹自殺した、いかにもサムライらしい方法で最後を遂げた強烈な現憲法否定者でした。それこそ過激に片寄った文学者であるにもかかわらず、「文学賞」を通して礼賛されつづけているのです。朝鮮人の私にはまったくもって理解がつきません。

戦力放棄をうたった憲法九条の「改正」に熱心な安倍首相はじめ、政権与党の使命感すらも、言葉の綾《あや》でもって国民の共感をそそっているのですから、その操作のほどを見すごしてはなりませんね。「改正」とはよくないことを正しく改めることです。正しく改めることに異存などあろうはずはないのです。現憲法はよくない憲法、という大前提があっての「改正」呼称ですのに、マスメディアまでも改憲派の「改正」をそのまま使用します。百歩ゆずって「改定」どまりの呼称でなくてはならない、憲法論議というべきでしょう。

死を強いられた側、強いた側

無残に死んだ死や戦火に追われた苦難の体験は同じであっても、死を強いた側の死や苦難と、死を強いられた側の死と恐怖は決して同じではありません。国民皆兵の召集を受け、成人した日本男児は誰彼なしに戦地へと出征してゆきました。行った先でくりひろげられた無慈悲きわまりない殺戮、凌辱、暴行は、兵隊さんだった日本人なら誰ひとり知らない者はいない、目をおおうばかりの歴史的事実です。それはそのまま余りのむごさに口を噤《つぐ》まざるをえなかった、良心の閉じ込めともなっているものでもあります。

ために語り継ぐ戦争のむごさは一般論的な戦争被害者の語りにとどまって、満蒙開拓団の逐われた悲劇や、空襲で焼かれ逃げまどった辛さや悲しみ、ひいては原爆被災の地獄絵図を語る、戦争被害の体験に終始します。そこには「聖戦」をかかげて戦争をしでかした側の、加害者の意識は影すらさしません。

突如「満洲事変」が勃発し、ついにはアメリカとまで戦争するに至った「十五年戦争」とはいかなる戦争で、太平洋戦争とはどのような経緯を経て終結したのか。絶対知らねばならないことから遠ざけられてきた日本人が、またぞろ、戦前回帰へのうねりに気にもとめずに乗せられていっています。

因みに戦後の民主主義国家へと導きもしたポツダム宣言の表紙をめくれば、私の国、朝鮮半島の戦後の悲劇まで顔をだしてきます。**日本に対する降服勧告がなされたポツダム宣言は、終戦の年の一九四五年七月二十六日発せられました。**ところが日本は国体護持（万世一系の現人《あらひとの》神《かみ》であらせられる天皇がしろしめす国）をめぐってもたついているうちに、広島、長崎に原爆を落とされました。降服勧告をすぐさま受け入れていたなら東京、大阪大空襲、硫黄島、沖縄、広島、長崎の大惨劇はなかったでしょうし、ソ連参戦による朝鮮半島北半部の占領もなくて、朝鮮半島の南北分断も当然現出しませんでした。自ら努めなくては、知らねばならないことすら、知りはしないのです。

私は日本に来たことで、命を長らえた者です。愛憎こもごものしがらみを超えて、私はこの上なく日本が好きです。何事につけ控え目な日本人を、同族同等に愛してさえいます。どうか関わることなく変わってしまう日本の国とはなりませんように、心から願いながら私のグチっぽい演説を終えるとします。

ご静聴ありがとうございました。

（キム・シジョン／詩人）

＊シンポジウム「越境する言葉」でのスピーチ全文

〈短期集中連載〉2　レギュラシオン理論とは何か

レギュラシオンの基礎と展開

原田裕治

制度的・歴史的マクロ経済学

ロベール・ボワイエ著『資本主義の政治経済学——調整と危機の理論』はレギュラシオン理論に立脚した政治経済学の教科書としてフランスで出版され、フランス経済学会「最優秀テキスト賞」（二〇一五／二〇一六年）を受賞し、高い評価を受けている。

この理論は、フォーディズム（一九五〇～一九六〇年代アメリカにおける国民経済レベルの好循環）における成長と危機のメカニズムの解明によって、制度的歴史的マクロ経済学として人口に膾炙した。

その基本認識は、次のようにまとめられる。**第一に**、資本主義経済において、異質な利害をもつ集団・組織としての主体が相互作用することでシステムが構成され、動態《ダイナミクス》が生み出される。**第二に**、異質な主体の調整では制度が決定的な役割を果たす。**第三に**、制度の成立に寄与するのは経済効率の論理よりも、政治的過程である。**第四に**、相互作用や調整は経済社会ごとに異なり、時間を通じてシステムと動態は変化する。**第五に**、こうした相互作用や調整が好循環の体制を生み出す場合でも、それが持続する保証はない。好循環を構成する要素はそれぞれ少しずつ変化し、そのことが体制全体の整合性を掘り崩す可能性がある。

このような認識の多くが、レギュラシオン理論の基礎概念にもとづいて整理されるのが、本書の第I部基礎編である。

レギュラシオン理論の進化

この理論の創設以来、こうした認識が適用されたのは、国民経済のレベルであったが、それは他の水準においても適用可能である。また相互作用と調整は、さまざまな領域で生じ、相互作用は異なる領域間でも存在する。本書第II部の展開編では、そのような認識の拡張が新たな展開として提示される。

例えば生産モデル論では、国民レベルの制度に規定された企業戦略の多様性が明らかにされる。また部門別・地域別の制度装置にかんする議論や、イノベーション、技能形成、社会保障にかんするシステム論では、相互作用や調整がメゾ・レベルで成立することが示される一方（第六章）、国民レベルを超える地域や国際レベルの調整もまた議論の対象となる（第九章）。さらに異質な主体の調整を司る制度の成立や、複数領域の制度からなる構造の整合性を保証する政治的過程（政治的なもの）と、経済的論理（経済的なもの）との連関が議論される（第七章）。

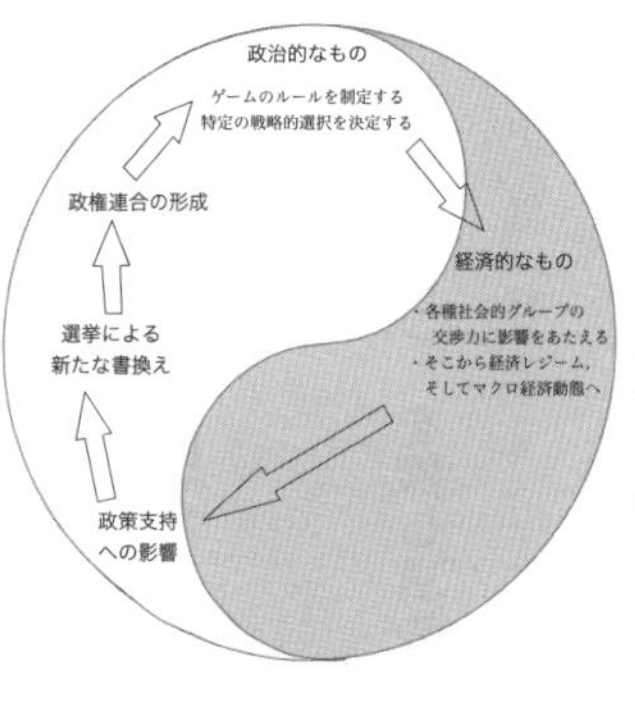

陰と陽：政治的なものと経済的なもの

続いて政治的過程を経て成立する諸制度のもとでの資本主義経済及びその動態の多様性が議論されるが（第八章）、経済動態を生み出す制度構造の変容においても政治的過程が重要な役割を果たすことが示される（第十章）。

第Ⅱ部で提示される議論は、ボワイエ自身が様々な形で関与したものであるが、同時に、多くのレギュラシオン派による研究成果が含まれる。例えばB・アマーブル（『五つの資本主義』藤原書店、二〇〇五年）やS・パロンバリーニによる政治的過程の分析、B・テレの社会保障モデルの類型論、GERPISA（自動車産業研究の国際ネットワーク）による生産モデル論、そして日本のレギュラシオン派との共同研究によるアジア分析（植村・宇仁・磯谷・山田『転換期のアジア資本主義』藤原書店、二〇一四年）が挙げられる。その際、理論の創設当初に着想を得たマルクス、アナール歴史学、ポストケインズ派の議論はもちろん、グラムシ、プーランザスの政治的アプローチ、比較歴史分析、コンヴァンシオン理論など各種社会科学の研究成果も積極的に参照される。

このことは、異質な主体や多様な領域の相互作用と調整という観点から資本主義経済の進化を分析するレギュラシオン理論自体もまた、さまざまな議論と絡み合うことで、適用範囲を拡大しつつ進化していることを示しているといえよう。

（はらだ・ゆうじ／摂南大学准教授）

リレー連載　近代日本を作った100人　64

柳田国男——下方からの近代日本の受肉をめざした思想家

赤坂憲雄

「根源ひとつ」を探し求めて

柳田国男はおそらく、近代日本が国民国家として形をなしてゆく現場に立ち会いながら、それをあくまで下方から受肉することをめざした思想家であった。郷土研究といい、民俗学という、その知の方法には一貫した作法が沈められている。上からの、統治者の眼差しによっては、少なくともそれだけでは近代を豊かに受肉させることはできないという信念が、柳田に固有の経世済民の志には貼りついていた。東京帝大で農政学を学び、農業政策や法制度にかかわる官僚として活躍し、貴族院書記官長にまで昇りつめ、ついには権力闘争に巻き込まれて下野するにいたった柳田は、その経歴からして、国家とはなにか、権力とはなにか、といったテーマを体験的に熟知していたはずだ。だからこそ、柳田は下方から国民国家としての受肉をはかることをめざしたのである。

明治・大正期の柳田の論考を読んでいると、まるで呪文かなにかのように、「根源ひとつ」という言葉が散見することに気づかされる。それはいわば、社会の表層に、まるで脈絡もなく、繋がりもなく転がっている人やモノや現象を前にして、柳田がときおり呟くように洩らす言葉のひとつだった。

たとえば、柳田がその前期、つまり明治・大正期に取り組んだ重要なテーマに、エタ・非人から雑種賤民などにいたる差別された人々＝非常民の歴史の掘り起こしがあった。社会的な表われとしては、およそ有機的な繋がりを見いだしにくい人やモノや現象のなかに、ある共通性らしきものを手探りしながら、そこに秘め隠された意味を浮き彫りにしてゆく。漂泊と定住という枠組みのなかで、漂泊・遍歴や遊行、浮浪といった生存の固有の様式に光が当てられる。そして、共同体に囲われた常民たちと、その外部を遍歴する非常民とが交わすやり取りのなかに、異質なるものが対等に交流しあう文化が見いだされた。そこに、差別を越えてゆくための思想的な契機が、まさに経世済民の志とともに浮上してきたのである。

それはまた、折口信夫とは異なった方位からの、宗教と芸能をめぐる民俗史の試みでもあった。たとえば、柳田の「毛坊主考」／「巫女考」という画期的な対をなす論考において、宗教と芸能とが交歓する史の景観がもっとも鮮やかに語られていた。それら被差別の民と天皇との秘められた関係が、つかの間露出する瞬間があった。

共通の民俗文化と「ひとつの日本」

「根源ひとつ」という呪文は、こうした歴史的な時間の相においてばかりではなく、日本列島のうえに展開する空間の相においても、とても興味深い形で顕在化してくる。柳田は昭和期に入ると、稲作や祖霊信仰にまつわる常民生活史に向けて、みずからの民俗学の体系化を推し進めてゆく。その過程に、「南北の一致」や「東西の一致」といった、やはり呪文のような言葉がくりかえし登場する。

柳田は大正後期、野（の／や）に下ると間もなく、列島の北の東北へ、南の沖縄へと精力的な旅をおこなっている。その紀行である『雪国の春』や『海南小記』のなかに、それら「南北の一致」や「東西の一致」という言葉が、あきらかに鍵をなす呪文の言葉として姿を現わすのである。明治以降、日本という国民国家の版図のなかに、ひとつの日本・ひとつの日本人・ひとつの日本文化が自明なるものとして存在していたわけではない。**柳田が民俗学の組織化のなかで強調したのは、日本列島の遠く隔てられた南や北、東や西の地方に、互いに知ることなく共通する民俗文化が営まれていることだった。そうした遠隔の一致を手がかりとして、ひとつの知の体系として民俗学を編み上げることがめざされたのである。**

柳田はくりかえすが、下方からの近代日本の受肉をめざした思想家であった。はたして、民俗学の命脈は尽きたのか。わたしはいまだに、この問いの前に立ちすくんでいる。（あかさか・のりお／民俗学）

▲柳田国男（1875-1962）

漢学者・医師松岡操の6男、井上通泰他「松岡五兄弟の一人」。大審院判事柳田直平の養子。農商務省に入り、法制局、宮内省をへて、1914年貴族院書記官長。退官し20年朝日新聞社の客員、次いで論説委員。早くから全国を行脚し、山間辺地をも訪ね、09年日本民俗学の出発点といわれる「後狩詞記」を出版。以来、「石神問答」「遠野物語」「山島民譚集」など多数の著書がある。35年日本民俗学会の前身「民間伝承の会」、47年民俗学研究所を創設。編著は100余にのぼる。

連載　今、日本は 3

非正規大国

鎌田 慧

「トヨタ、ダットサン、ホンダ、そしてパールハーバー」

米国・五大湖そば、モータウン（デトロイト市）。UAW（全米自動車労組）本部の門に掲げられていたスローガンである。「ダットサン」は日産のことだが日本車輸出攻勢が真珠湾攻撃とおなじような、自動車「戦争」とされていた時代があった。一九八三年、三六年ほど前である。

米国を走る乗用車の四台に一台が日本車。トヨタ車がハンマーで叩かれるパフォーマンスがTVで放映されたり、中国人が日本人とまちがえられて襲われたりした。それもあって、トヨタなども米国に工場建設、雇用に貢献するようになるのだが、自動車の街・デトロイトは不景気で、ポンコツ車がよたよた走っている状態だった。

それからも衰退がつづき、ついに「ラストベルト」（錆びついた工業地帯）が、自由貿易を否定したいトランプ大統領を産みだした。祖父がした、保身のための「日米一体化」を、さらに強める首相は、トランプとのゴルフのあいまに、数兆円におよぶ戦闘機・イージスアショアなどの爆買いのあと、こんどは農産物の輸入拡大に踏み切ろうとしている。

日本の儲け頭・トヨタの豊田章男社長は五月中旬、「なかなか終身雇用を守っていくというのは難しい局面に入ってきたのではないか」と発言した。すでに非正規労働者が三分の一強の現状をみれば、いよいよ「正規社員」の身分も非正規予備軍、になった、というべきか。

政府は「人生一〇〇歳」を謳い老後資金は二〇〇〇万円が必要といい、麻生金融相は二〇〇〇万円ではない、三〇〇〇万円、といいだした。老後は年金で生きていける、と国を信じてきた善良なる人びとは、ここにきて年金は赤字になるぞ、利殖で補え、と政府がいうのだから、まさにうっちゃりを食った形である。

トランプが経営していた「カジノ」まで進出してきそうだ。戦争はしない、老後は安心して暮らせます、というのが国の約束ではなかったのか。それでも怒らない、不思議な国民だ。（かまた・さとし／ルポライター）

■〈連載〉沖縄からの声［第Ⅴ期最終回］3

琉球弧の果ての島・喜界島の不思議

安里英子

十四世紀、琉球王府は奄美諸島を我が物とした。喜界島はその果ての小さな島である。琉球王府の正史『中山世譜』によると「尚徳王は自ら二千余騎を率い、大船五〇隻に乗って喜界島に至った」とある。

二〇一七年に喜界島を訪ねた。那覇から奄美空港に降り立ち、そこから小型機に乗り継いでわずか五分ほどで島に着く。人口およそ七〇〇〇人。サンゴ石灰岩からなる平坦な島である。かつての琉球人の役人の墓や、王府から任命されたノロの首飾りや勾玉が残されているなど琉球支配の痕跡が残されている。

しかし、私の喜界島への興味は、琉球の支配以前の古代史にある。シマの中央にあたる台地に「城久《グスク》遺跡群」と呼ばれる八カ所の遺跡群がある。土地改良事業の際に発見されたもので、そこから古代～中世にかけての中国、朝鮮、日本本土からもたらされた陶器や磁器、石鍋などが大量に発掘された。とりわけ中国産である越窯系青磁は一七九点と琉球弧内で突出しているという。徳之島で生産されたカムィヤキも大量に出土している。そして四八四棟の掘立柱建物跡も発見された。

いったい誰がそこに住み、利用していたのだろうか。そして大量の品々はどのようにして運んだのか。そこには大宰府の出先機関があったとか、あるいは宋の商人の住まいだったという説もある。小さな喜界島に、と謎が深まるばかりだが、近年の考古学の研究では、喜界島こそ古代から中世にかけての、東アジア（環東中国海）の交易の拠点ではなかったかという仮説がなされている。「古代、中世日本の境界領域の研究」では、奄美大島と喜界島が焦点になっているという。中国、朝鮮、日本、琉球の境界領域に位置する島だからこそ多様な文化の波が寄せ、蓄積されたのだろう。琉球が攻め入った理由はそこにあったのかも知れない。

奄美世、那覇世、ヤマト世と世替わりに翻弄された島だが、壮大な石垣に囲われた阿伝集落の風景は基層文化の厚みを感じさせる。海上交通で世界がつながった古代、島は辺境ではなく交易の中心でもあったという証である。琉球弧の南の果ての宮古や八重山諸島がそうであったように。

（あさと・えいこ／ライター）

Le Monde

■連載・『ル・モンド』から世界を読む［第II期］35

令和日本

加藤晴久

「五月三日、平和主義憲法七二周年記念日に、日本の安倍首相は二〇二〇年までに憲法改正をおこなうという公約を再言した。国際紛争を解決する手段として戦争、威嚇、武力に頼ることを断念するという九条の制約から日本を解放するためである。彼はまた、同盟国の防衛に日本が参加できるようになることを願っている。日本を「ふつう」[normal]の国にしようという保守政権陣営の宿願を、新天皇が即位した二日後に繰り返すということは令和時代の成り行きに疑念を抱かせるものがある」

「日本　令和時代の課題」と題する五月六日付『ル・モンド』の社説の書き出しである。

「これに対し、政治的権限は持たないながらも、神聖なるオーラに包まれた徳仁新天皇は歯止め[contrepoids]として行動している。軍国主義日本の犠牲者たち、また、自然災害、原発事故の犠牲者たちに寄り添った両親の平和主義的・人道主義的姿勢を新天皇が継承することは明白である。明仁天皇と美智子皇后は、その初期に経済的成功に酔い痴れ傲然としていた平成の時代に、謙虚と献身を、滅私と思われるほど、体現していたのだった」

前・現天皇が果たし、果たそうとしている「政治的」役割を、これほど明確に述べた日本の新聞があっただろうか？

令和日本が立ち向かうべき対外的課題は「すさまじい中国の海外拡張主義、米国の脱同盟的政策、北朝鮮のミサイルである。これらはいずれも、現政権のナショナリスト的政策に好都合に作用している」

国内的には「男女不平等。二〇一八年、一四九カ国中、一一〇位だった」「フクシマにもかかわらず、日本では、真の意味でのエコロジスト運動が存在しない」「増大する諸格差にもかかわらず批判的言論が抑圧されている」「同性婚問題、難民問題、移民問題でも立ち遅れている」「死刑、苛酷な拘留など司法の問題で人権擁護NGOから告発されている」

「たしかに、日本の政治界はポピュリズムと過激主義に侵されることはなかった。しかし、こうした保守主義は革新を阻《はば》むコルセットになっている」

（かとう・はるひさ／東京大学名誉教授）

■連載・花満径　40

オホーツク文化の保存

中西　進

文化財を保存また修理して後世に伝える仕事は、これほどに機械文明が発達して人びとがとかく便利一方に向かうようになった現代、今までより一層大切になっている。

そのことにいち早く目をつけて、読売新聞がこの面での功労者を顕彰する「あをによし賞」を設定してから、もう十二年が経過し、今年はつい先ごろ第十三回目の授賞式を行なった。

受賞したのは北海道在住の北構《きたがまえ》保男さんであった。いま百歳、そのことが大きく話題となった。もちろんこれまでの受賞者のなかではもっとも高齢である。

氏の業績は前人未踏のオホーツク文化に関する文物の蒐集、整理、保存である。その点数は一三万点に及ぶという。

じつはわたしも、アイヌ文化に先立つオホーツク文化の実体に前々から関心をもってきた。そしてその解明が強く求められながら、いちじるしく遅れていることを残念がっていたから、今回の授賞を大いに喜んだことだった。

冬、アムール川河口あたりから間宮海峡、サハリン近海は深く結氷に閉ざされ、また春がくると解けだす流氷に乗って、人もクマも、オホーツク海域にやってくるらしい。そして流氷が太平洋に流れでて姿を消すように、オホーツク人もその文化も、いまに姿をとどめていない。

日本北端の古代文化の解明は、日本歴史の重要な課題であろう。わたしは繊細な骨細工の夢幻さや、埋葬の方法が故郷を向いているのではないかといった空想を、エッセーに書いたことがある。

何よりもあの可憐なクリオネが象徴のように思われるオホーツク文化は、いとおしい。

隣人のアイヌは広範な日本列島の先住民のようだから、オホーツク人こそ純粋な北の民かもしれない。北方領土の問題もかかえる日本にとって、オホーツク文化はいっそう大切である。

（なかにし・すすむ／国際日本文化研究センター名誉教授）

＊前号中段一〇行目「五〇〇〇年以上も」を「二〇〇〇年以上も」に訂正いたします。

〈連載〉生きているを見つめ、生きるを考える 52

寝てばかりいるマウスは見つかったけれど

中村桂子

「春眠暁を覚えず」と言うが、私の場合、春夏秋冬ゆっくり眠るのが一番の幸せである。枕が変わろうが、寝しなにコーヒーを飲もうが、横になったらすぐ眠れる。一方、徹夜が得意な友人は、「なぜ人間は眠らなければならないの」と不満気に言う。

眠りについては、今世紀初めに、脳内物質であるオレキシンが重要物質として浮かび上がった。脳内には覚醒中枢と睡眠中枢があり、覚醒中枢がノルアドレナリンなどの神経伝達物質を出して覚醒状態をつくり、その保持にオレキシンがはたらくというのだ。ところで、これは寝たり起きたりのメカニズムを教えてくれるだけで、睡眠を引き起こすものへの答ではない。

睡眠誘引物質探しは難しい。マウスを眠らせないようにした時に増える物質の探究が続いたが、ストレスの影響が除けないのである。ここで、筑波大学の柳沢正史教授が睡眠異常の変異マウスづくりという新しい方法を始め、変異マウスの精子による人工授精で生まれた子マウス八〇〇〇匹を調べたところ、寝てばかりいるマウスが見つかったのである。二行ほどで書いたが、存在するかどうかわからない中でのこの実験は大変だったろう。研究は信念と根気に支えられ、そこに運もはたらいて進むものと言われるが、ここでもそれを感じる。

このマウスは、以前からよく知られていたタンパク質リン酸化酵素の遺伝子に異常があった。これは私たちヒトはもちろん、ニワトリ、ツメガエル、ショウジョウバエ、線虫などほとんどの生きものがもっている大事なタンパク質である。この遺伝子にショウジョウバエや線虫で変異を起こさせたところ、睡眠に異常が出たという報告もある。

いつも眠たいマウスは脳内の八〇種ものタンパク質のリン酸化が普通のマウスより進んでいることがわかった。眠いという状態は一つの物質で起こるものではなくとても複雑なはたらきが関わるらしいというわけだ。睡眠研究が格段に進んだことは確かだが、ここでもまた複雑さに向き合うことになったと言える。

（なかむら・けいこ／JT生命誌研究館館長）

連載　国宝『医心方』からみる　28

河骨の薬効の今昔

槇　佐知子

河骨《こうほね》の高き莟《つぼみ》をあげにけり　風生《ふうせい》
河骨の金鈴《きんれい》ふるふ流れかな　茅舎《ぼうしゃ》
河骨の咲けば明るき雨となり　咲子

日本では北海道から九州までの小川や池沼の浅い所に生えるスイレン科多年草コウホネは、水底の泥の中に根を這わせ、その先端から葉を出す。円柱状の葉柄は水面を突き抜け、楕円形の先が尖った長い葉を出す。七・八月になると、葉柄よりも長い円柱形の花柄の先に、直径五cmくらいの黄色い花を咲かせる。五枚の花弁のような蕚《がく》と沢山のこまかな花弁、多数の雄しべが中心の子房をめぐって螺旋状に並ぶ。

茅舎は、その莟《つぼみ》が川のせせらぎに揺れるのを「金鈴《きんれい》ふるふ」と詠んだのであろう。

黄色い花が一せいに咲けば、あたりは雨にけむっていても明るく感じられる。

『医心方』ではこの河骨を骨蓬《こつぽう》と書き、和名を加波保祢《カハホネ》として、巻三十食養篇の五菜34に掲載している。

そして隋代には中国で佚書《いっしょ》とされていた食養学者の崔禹錫《さいうしゃく》の『食経』からの抄録が、一つだけ採録されている。即ち、

○味は鹹《かん》で（性は）大冷であり、無毒である。黄疸や消渇《しょうかち》を主治する

と。（『崔禹錫食経』は和名抄引用漢籍）

日本で野生したり栽培されたりしているコウホネはNuphar, japonica DC.だが、中薬で薬用にしているのは、Nuphar, pumilum DC.（日本名ネムロカワホネ、エゾカワホネ）の根茎である。

この河骨は現代中国では萍蓬草《へいほうそう》とし、その太い根茎と種子を薬用にしている。エゾカワホネの葉は広い卵型で長さ六～一七cm、幅六～一二cmでハスの葉のように深い心臓型で水に浮かんでいる。

秋に種子が熟したら、種子と根を採取する。

○種子は滋養強壮、月経不順、健胃剤
○根茎も健胃剤、補虚剤、消化不良、月経不順

の主治の効能を挙げている。味が栗に似ているので水栗《すいりつ》ともいう。

（まき・さちこ／古典医学研究家）

六月新刊

戦後、未だ日ロ間で平和条約が締結されないのはなぜか

対ロ交渉学

歴史・比較・展望

木村 汎

「俺のもの（「領土」）は俺のもの、お前のもの（「経済力」）をどう分けるか、交渉しよう」——これこそがロシア式交渉の真髄である。旧ソ連からプーチンに至るロシアの対外交渉を、交渉学の諸理論から紐解き、対ロ外交の修羅場を経験した専門家の証言をもとに緻密に分析・検討し、日ロ関係の展望を考察する。

A5上製　六七二頁　四八〇〇円

「本も男も、〝うらぶれ〟がいい。——ことに男は。」

書物のエスプリ

山田登世子

古典から新刊まで様々な本を切り口に、水、ブランド、モード、エロスなど著者ならではのテーマを横断的に語る「エッセイ篇」と、四半世紀にわたり各紙誌に寄せた約一二〇本を集めた「書評篇」。時には書評の枠を逸脱しつつ、書物の世界を自在に逍遥する。単行本未収録論考集最終第4弾！

四六変上製　三二八頁　二八〇〇円

21世紀の新しい知「生命誌」

中村桂子コレクション　いのち愛づる生命誌　全8巻

1 ひらく　生命科学から生命誌へ　［第2回配本］

生命科学への疑問から創出した新しい知「生命誌」は、ゲノムを基本に、あらゆる生物の〝歴史〟と〝関係〟を読み解く。ヒトクローン、遺伝子組換えなどの現代生物学の問題に、科学と日常の眼で答える。

〈解説〉鷲谷いづみ　口絵2頁

〈月報〉末盛千枝子／藤森照信／毛利衛／梶田真章

四六変上製　二八八頁　二六〇〇円

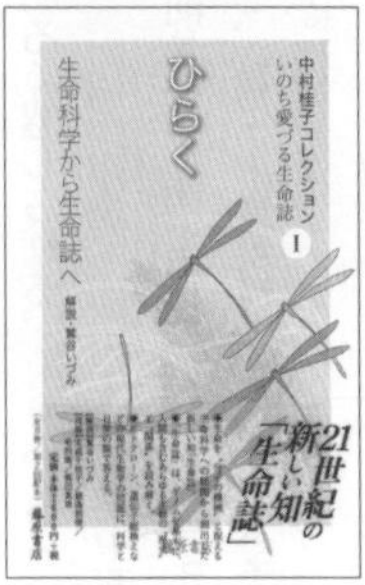

現在90歳、渡日70年を迎えた詩人の集大成

金時鐘コレクション　全12巻

4 「猪飼野」を生きるひとびと

『猪飼野詩集』ほか未刊詩篇、エッセイ　［第5回配本］

金時鐘

一九七三年二月一日を期してなくなった日本最大の在日朝鮮人の集住地、大阪「猪飼野」に暮らす人々を描いた連作『猪飼野詩集』（一九七八年）ほか。

〈解説〉冨山一郎　口絵4頁

〈月報〉登尾明彦／藤石貴代／丁章／呉世宗

四六変上製　四四〇頁　四八〇〇円

読者の声

生命科学の未来■

▼さすがにノーベル賞もらうだけの基礎研究による思いがけない大きな発見だが、その説明している内容も理論整然だと思うが、素人にも完ぺきにわかるようにPD－1遺伝子、そしてその発現による分子構造、それに対する抗体の構造、ガンはどのようにしてPD－1のブレーキを押すのか説明の本を出してほしい。一万円？でもよいので！

又、理解できる本を紹介してもらえたらよいと思うが、たいへんおもしろく読ませていただきました。

（高知　農業　**矢野章**　65歳）

▼非常に興味深かった。PD－1抗体発見の道のりがすばらしく高度な実験の数々で圧倒された。

ありがとうございました。

（東京　家事手伝い　**榎本浩子**　50歳）

人生の選択■

▼「小学生でも、人生の選択をしなければならない時がある。ナチを選んだら、それは精神的な死だと思った」。日本の多くの小学生に読んでもらいたいです。

（東京　医師　**山田多佳子**　64歳）

▼長野県茅野市中央病院（当時鎌田實院長）で行われていた勉強会（ほろよい勉強会）で、デーケン氏のお話はとても楽しかった。私は一九三一年生れ。次の絵本に期待をつなぎます。

（長野　**河西立子**　87歳）

宿命に生き　運命に挑む■

▼『範は歴史にあり』に続く五郎さんの名コラム集第二弾。「五郎ワールド」は、切り抜きするほどの大ファン。鳥の目、虫の目で、時に厳しく、そして優しく。厖大な読書量を駆使しつつ、人間味あふれる観察眼で人を敬いつつ、時代に警鐘を鳴らす文言は、一読はおろか何度も読み返す価値ある一冊。五郎さんの語り口が胸に響く一冊でもある。

（北海道　会社員　**平泉尚登**　61歳）

静寂と沈黙の歴史■

▼静寂と沈黙が心を豊かにし、内省の時をはぐくむ場所であることを知る。

（千葉　**三廼昭子**　81歳）

▼叡知の実りということを考える。収穫された知恵、大地のごとく豊かな静寂……アラン・コルバンは正しくそれらの顕然であろう。『空と海』『風景と人間』……歴史を豊かな実りの中で展開する力がアラン・コルバンにはある。すべて貴書店の出版により読むことが叶った。感謝したい。

（東京　会社員　**山内聖一郎**　60歳）

義のアウトサイダー■

▼待ちわびていたテーマの好著。取り上げられた人々も実に納得できるものでした。

「義」は、人の、そして、社会の目標として至高の徳でありましょうが、いまの日本は遠く及ばないどころか、「義」そのものを忘れているように見えます。この書が、多くの人々に、そのことを思い出させてくれますように。（北海道　人文社会科学系教授

中村公亮　80歳）

昭和12年とは何か■

▼私が12年生れなので買った。読んで12年が色々のポイント……の年であったと云うことが判った。読みやすい対談だったので一気に読んでしまった。歴史の面白さ……が改めて感じられた。

（大阪　**樋口正吉**　81歳）

兜太 vol.1■

▼兜太の俳句は大正・昭和時代を見事に表現しており、ファンの一人でもありました……。

（長崎　画家　**一瀬比郎**　84歳）

書簡で読み解くゴッホ■

▼興味深く読ませてもらいました。ゴッホファンの私は、二〇〇九年版最新研究の書簡集の日本語訳を望みながら一〇年が経ちました。是非、仏語の先生に書簡全集を出版して頂きたいと思います。

何度かゴッホを巡る旅をし、オーヴェールの代表作に馬車と汽車の通る風景を選ばれたのは新鮮でした。オワーズ川沿いに走る列車が畑の中を通る光景は探せませんでした。

（東京　**外山栄治**　70歳）

※みなさまのご感想・お便りをお待ちしています。お気軽に小社「読者の声」係まで、お送り下さい。掲載の方には粗品を進呈いたします。

書評日誌（四月号〜六・一六）

(書) **書評**　(紹) **紹介**　(記) **関連記事**
(テ) **テレビ**　(イ) **インタビュー**

四月号　(記)歴史研究「「雪風」に乗った少年」（「わが著書を語る」／小川万海子）

春号　(紹)家庭の友「人生の選択」
(紹)ミセス「人生の選択」（「今月の本」／斎藤美奈子）
(書)季論21「フロムと神秘主義」（米田祐介）

五・八〜　(記)共同配信「中村桂子コレクション」（「ブレークスルー」／「二重らせんに魅せられて」／「生命誌」を提唱し研究」／「子どもたちへの思い」／「中村さん著作集　刊行開始」）

五・一〇　(記)朝日新聞（東海三県版）「「雪風」に乗った少年」（「語り継ぐ戦争」／「水上特攻　大和沈没を目撃」／伊藤智章）

五・一二　(紹)静岡新聞「義のアウトサイダー」
(紹)しんぶん赤旗「中村桂子コレクション5　あそぶ」

五・一三〜　(紹)共同配信「長崎の痕」

五・一三　(紹)産経新聞「後藤新平賞」（「後藤新平賞に黒柳徹子さん」）
(紹)読売新聞「後藤新平賞」（「後藤新平賞に黒柳さん」）

五・一三〜　(記)共同配信「後藤新平賞」

五・一六　(紹)東京新聞「後藤新平賞」（「NEWS」／「後藤新平賞に黒柳徹子」）

五・一七　(書)日刊ゲンダイ「長崎の痕」（「長崎の被爆者が生きてきたそれぞれの戦後」）

五・一九　(記)毎日新聞「渋沢栄一の国民外交」（「この3冊」／「渋沢栄一」／片桐庸夫）
(書)毎日新聞「セレモニー」（「AI技術が悪用される未来図描く」／張競）
(書)産経新聞「長崎の痕」（「アート」／「戦禍と凛としたほほ笑み」／「写真家大石芳野さんが集大成」／花房壮）
(イ)北海道新聞「長崎の痕」（「訪問」／「被爆者の思い　レンズ通し向き合う」／伴野昭人）

五・二三　(記)毎日新聞（夕刊）「長崎の痕」（「人・模・様」／「戦禍の傷」焦点　写真集刊行」／明珍美紀）

五・二五　(記)毎日新聞（夕刊）「岡田英弘三回忌」（「イベント」）
(記)東京新聞（夕刊）「岡田英弘三回忌」（「イブニングスポット」）
(書)西日本新聞「女とフィクション」（「カリスマ書店員の激オシ本」／「複数の『私』を明かす『鏡』」／徳永圭子（丸善博多店））
(紹)西日本新聞「長崎の痕」

五・二六　(書)朝日新聞「長崎の痕」（「穏やかな笑み　被爆者の人生は」／長谷川逸子）
(書)京都民報「象徴でなかった天皇」（「元首にして大元帥の天皇」／猪原透）
(書)読売新聞「作ること　使うこと」（藤原辰史）

六・一六　(紹)毎日新聞「転生する文明」

歴史家・岡田英弘（一九三一―二〇一七）三回忌

岡田英弘の歴史学とは何か

二〇一九年 五月二十六日（日）14時 於・早稲田大学3号館704教室

朝鮮史を出発点に、満洲史、モンゴル史と深めてゆくなかで、「十三世紀のモンゴル帝国がユーラシア大陸の東西をつなぎ、〝世界史〟が始まった」と、「世界史とは何か」を提示した歴史家、岡田英弘さん。藤原書店では**『岡田英弘著作集』全八巻**を刊行しているが、その仕事の全体を改めて見直す催しを行った。

挨拶は藤原良雄（藤原書店 社主）。「非常に厳しい出版界で、『岡田英弘著作集』は異例の重版を重ねている。本質を見抜いた、世界を見る眼差しが、これからの世界には必要」。

前日の二十五日が、三回忌の命日だった。弟子であり夫人であった**宮脇淳子氏**（東洋史）からは、三回忌を迎え「一緒に学んでゆく」との言葉、岡田氏の著書が多く外国語に翻訳されていることの紹介、また「岡田英弘発言抄」について紹介。

パネリスト各氏からの問題提起では、**杉山清彦氏**（大清帝国史／東大准教授）「〝歴史〟というより〝歴史学〟とは何かを語る本が多い中で常に〝歴史〟を問い続け、緻密な史料踏査を基礎に、虫の眼と鳥の眼を兼ね備えた岡田史学は、イデオロギーや国を超えて惹き付ける」。

内藤陽介氏（郵便学）「切手を見れば、いつ、どこで使われたかが分かる。切手は公文書であり、国家の政策を反映する。消印という公印が押される。例えば岡田先生のフィールドの一つであるモンゴルの切手から周辺のロシア、チベット、中国等との関係、当時の世界地図が分かる」。

古田博司氏（朝鮮史／筑波大名誉教授）「岡田史学は〝社会科学〟。天才だから、人文科学と社会科学を繋げた。例えば『文明とは政治・経済・軍事の複合体である』のように〝直観〟で本質を見抜き、結論を述べる。西洋の所謂社会科学が普遍でないことがバレた今こそ読み直されるべき」。

南モンゴル・オルドス出身の**楊海英氏**（文化人類学／静岡大教授）は黒板にモンゴルの地図を描き、漢語／モンゴル語の地名を示し、見る向きによって世界は変わると。「岡田先生が辿った『康熙帝の手紙』の行程、年代記『蒙古源流』を使った研究は、漢語でなく、当事者たるモンゴルが見るモンゴル世界を展開した」。

全員での討論は宮脇淳子氏がコーディネート。

＊協力・昭和12年学会

（記・編集部）

八月新刊予定

＊タイトルは仮題

気候と人間の関係を描く記念碑的著作

気候と人間の歴史 I（全三巻）

猛暑と氷河　13世紀から18世紀

E・ル＝ロワ＝ラデュリ

稲垣文雄訳

「気候」そのものを初めて歴史の対象とした嚆矢の書、『気候の歴史』から三七年を経て、アナール第三世代の第一人者が、気候と気象の変動が人間社会に与えた影響を圧倒的なスケールで描いた記念碑的著作、遂に完訳。第I巻は「小氷期」を含む一三～一八世紀を描く。

いまこそ、後藤新平の声に耳を傾けるべき時だ

国難来（こくなんきたる）

後藤新平　鈴木一策＝解説

一九二四年三月五日、六十七歳の後藤新平が東北帝国大学でおこなった「国難来」の演説。機能しない国際・国内会議、第二次世界大戦の予感、米国と中国で高まる排日の動き、国内政治の腐敗と堕落を「国難」と断じ、国民と政治家がお互いを信じて立憲政治の真髄を実現せよという渾身の訴えは、現在の日本と日本を取り巻く状況を予見したかのようである。

レギュラシオン理論の集大成

資本主義の政治経済学

調整と危機の理論

R・ボワイエ

山田鋭夫監修　原田裕治訳

フォーディズムの発展と危機に回答を示したレギュラシオン理論は、七〇年代以降、マルクスからは資本主義を、アナール歴史学からは歴史の意義を、ポスト・ケインズ派からはマクロ経済学の手法を学び、変化に対応していった。その考え方の基礎と理論を集大成。フランス経済学会最優秀経済教科書部門賞受賞作。

ラフェリエールとは何者か？　自伝！

書くこと 生きること

ダニー・ラフェリエール

小倉和子訳

書くことは、生きること。生きることは、書くこと――。

「私が〝アメリカ的自伝〟を書いたのは、自分の人生がどのようなものだったかを知るためだった」。

八年前、四十七歳のハイチ出身のカナダ・ケベックの国民的作家が、「アメリカ的自伝」と題された自伝的小説群の完結を迎え、幼年期から現在までを、初めて明かす。

7月の新刊

タイトルは仮題、定価は予価。

後藤新平と五人の実業家 ＊
渋沢栄一・益田孝・安田善次郎・大倉喜八郎・浅野総一郎
後藤新平研究会編著　序＝由井常彦
A5判　二四〇頁　二五〇〇円

移動する民 ＊
「国境」に満ちた世界で
M・アジエ　吉田裕訳
四六変上製　一六八頁　二二〇〇円

ヒロシマの『河』 ＊
劇作家・土屋清の青春群像劇
土屋時子・八木良広編
A5判　三六〇頁　カラー口絵12頁　三三〇〇円

詩情のスケッチ ＊
批評の即興
新保祐司
四六上製　二八八頁　二五〇〇円

いのちの森づくり
宮脇昭自伝
宮脇昭
四六変上製　四一六頁　二六〇〇円

8月新刊予定

気候と人間の歴史 I（全3巻） ＊
猛暑と氷河（13世紀から18世紀）
E・ル＝ロワ＝ラデュリ　稲垣文雄訳

好評既刊書

書くこと　生きること ＊
D・ラフェリエール　小倉和子訳

国難来 ＊
後藤新平　鈴木一策＝解説

資本主義の政治経済学 ＊
調整と危機の理論
R・ボワイエ　山田鋭夫監修　原田裕治訳

対口交渉学 ＊
歴史・比較・展望
木村汎
A5上製　六七二頁　四八〇〇円

書物のエスプリ ＊
山田登世子
四六変上製　三二八頁　二八〇〇円

中村桂子コレクション　いのち愛づる生命誌（全8巻） ＊
1 ひらく　生命科学から生命誌へ
〈解説〉鷲谷いづみ　内容見本呈
〈月報〉末盛千枝子／藤森照信／毛利衛／梶田真章
四六変上製　二八八頁　口絵2頁　二六〇〇円

金時鐘コレクション（全12巻）　内容見本呈
4 「猪飼野」を生きるひとびと ＊
『猪飼野詩集』ほか未刊詩篇、エッセイ
〈解説〉冨山一郎
〈月報〉登尾明彦／藤石貴代／丁章／呉世宗
四六変上製　四四〇頁　口絵4頁　四八〇〇円

別冊『環』㉕
日本ネシア論
長嶋俊介編　伊東豊雄／岩下明裕／三木健ほか
菊大判　四八〇頁　四二〇〇円

現代美術茶話
海上雅臣
四六上製　四八〇頁　口絵16頁　三〇〇〇円

転生する文明
服部英二
四六上製　三二八頁　三〇〇〇円

歴史家ミシュレの誕生
一歴史学徒がミシュレから何を学んだか
立川孝一
四六上製　四〇〇頁　三八〇〇円

別冊『環』㉔
開かれた移民社会へ
宮島喬・藤巻秀樹・石原進・鈴木江理子編
菊大判　三一二頁　二八〇〇円

セレモニー
王力雄　金谷譲訳　推薦のことば＝王柯
四六上製　四四八頁　二八〇〇円

中国が世界を動かした「1968」
楊海英編
梅﨑透・金野純・西田慎・馬場公彦・楊海英・劉燕子
四六上製　三二八頁　三〇〇〇円

＊の商品は今号に紹介記事を掲載しております。併せてご覧戴ければ幸いです。

書店様へ

▼5／19(日)『毎日』「今週の本棚」欄にて張競さん絶賛大書評、5／12(水)『中日・東京』夕刊著者**王力雄**さんインタビューに引き続き、6／29(土)『朝日』書評欄「好日好書」にて、いとうせいこうさんが『**セレモニー**』を絶賛大書評!!

▼5／26(日)『読売』藤原辰史さん書評に続き、6／29(土)『朝日』「折々のことば」欄にて、鷲田清一さんが、**A・G・オードリクール**の大著『**作ること　使うこと**』の訳者山田慶兒さんの言葉「尊敬に価しない民族は存在しない。」を紹介!

▼『**大石芳野写真集　長崎の痕（きずあと）**』著者**大石芳野**さん写真展「長崎の痕　それでも、ほほえみを湛えて、生きる。」が、7／4(木)～10(水)キヤノンギャラリー銀座、7／25(木)～31(水)キヤノンギャラリー大阪にて開催。今後のパブリシティにご期待ください!

▼6／16(日)『毎日』「今週の本棚」にて、ユネスコ「世界遺産」の仕掛け人の著者が見出した文明の転生と変貌の姿を描く、初の「文明誌」の試み、『**転生する文明**』の書評掲載! 在庫のご確認をよろしくお願いいたします!!　**（営業部）**

出版随想

▼今、小社では、二人のコレクションの刊行中である。一人は、昨春から始まった在日詩人の金時鐘氏。もう一人は、今春から刊行が始まった「生命誌」を提唱された中村桂子氏。

▼先日、大阪で、有志主催の「金時鐘氏の卒寿記念と渡日七〇年の集い」があり参加した。金時鐘氏とは、今から一七年前、学芸総合誌『環――歴史・環境・文明』の対談で大阪の上六のホテルでお会いした。初めて詩人とお会いしたが、想像をはるかに超えた氏の態度に圧倒された。大学人が語る言葉とは全く違う言葉で躰の底から絞り出すように訥々と語られた。まだ四・三事件のことは語れないし語りたくないとはっきり明言された。その後、四・三事件について少しずつ語られるようになったが、済州島での肉親との惜別や色々な思い出がこみ上げてこられるようだ。

▼今、日韓関係はかなり厳しい時にさしかかっている。つまりわれわれは、隣国について殆んど何も知らないで戦後育ってきた。勿論積極的に学校で教えられないで。近くなるためには、やはりまず知ることから、学ぶことから始まるのではないか。鶴橋や新大久保に行ったから朝鮮半島のことがわかるわけではない。一時、韓国ブームに沸いた時もあったが流行で終ってしまった。自分の身近な所から対話を始めるのも良し、「金時鐘コレクション」（全12巻）を一冊どの巻からでもいいから繙いて欲しい。きっと何かを発見することと思う。

▼先日、中村桂子さんが社に立ち寄られた。「コレクション」（全8巻）の第二回配本のお祝いである。中村さんによると、「生命誌」という言葉は、「生命誌」だけではなく「生命誌研究館」という六文字として浮んだといわれる。つまり、研究所ではなく研究館、生命史ではなく生命誌。この二点が、中村桂子のオリジナルといえる。七〇年代から急速に生命科学が発展していった中で中村さんは、この生命科学を、「いのちの物語」として、ふつうの人々が集い楽しめる場を作りたいと思った。一九九三年ＪＴの支援の下、「生命誌研究館」が誕生した。

▼中村さんは、食事をしながら「今生きてるってことが不思議なのよね」と云われた。生命科学者の言葉の奥深い意味を考えながら「そうですね」と言葉を交わしたものの、あの生命誌の土台のような扇形の絵や'13年に到達したという「生命誌曼荼羅」の絵を見ながら、「生きていることの不思議さ」に思い到るひとときであった。　（亮）

対側の先端であるパトラの光景に対して対位法的位置を占める。

「国境を民主化しなければならない」、もしデモクラシーそのものの射程と本当の政治的意味を拡大したいと望むならば。哲学者エティエンヌ・バリバールは、二〇年以上前から、そう主張している。国境の状況を観察することは、まさに言葉どおりにこの提案を受け取ることへと、私たちを導かずには措かない。なお不確実な世界の地平に向かう道の上で、私たちは、カレー、ヴェンチミリア、レスボス、ランペドゥーサで、そして至るところの国境で、政治的な情景が存在しているのを認めることによって、重要な一歩を踏み出す。それらの光景は、承認を、交渉を、そしてときには連帯を求める。現れているのは、人道と治安に関わる光景――それらは同情と怒り、あるいは恐怖と拒絶の原因となる――だけではない。私たちは少なくとも、移動民たちの見出しがたい動機はおそらくそこにあると想定することが出来よう。それは移動民たち自身によって、彼らの生と政治の場所となった国境の上で担われる動機である。

第II部

ヨーロッパにおける歓待とコスモポリット性、その今日と明日（1）

私は二〇一六年に『移動する民』〔本書第I部〕のフランスでの最初の版を刊行したが、それから二年経って書こうとする以下のページで、いかにして歓待の原理がこの数年の間、国家によって誇張された敵意と恐怖に対抗して、またこの敵意と恐怖によって引き起こされた、移動現象周辺の終わりのないドラマに対抗して、ヨーロッパの諸社会のある部分の全体を動員しているかを浮かび上がらせるつもりである。この歓待は、受け入れ側の社会を変容させることに、そして外国人との関係を再考することに寄与する。それは、受け入れと開放のあらゆる個別の行為を内包しかつ越える意味と射程を、歓待に与えることのできる、より広い背景を要請してくる。けれども、移動民たち自身にとっては、歓待は、かつてそうであって、今日でもそうなのだが、一つの善意、時間の上でも空間の上でも限定され、それに関して彼らが何の力も持たない善意に止まっている。かくして私は「歓待の政治《ポリティック》」の可能性について問いかけてみたいと思うようになった。すなわち問題は、「歓待の義務」――しばしば求められ、かつあまりにも多く暗黙の合意によっている（そのような見かけをしている）

ために、現実的かつ有効になることが少ない――から「歓待への権利」つまり歓待の権利（哲学者エティエンヌ・バリバールの最近の提言にしたがうならば）への移行を構想することになるだろう。この権利は、移動民たちを、ふたたび考察の中に導き入れ、歓待に、より直截に政治的な次元を与え、最終的には、市民権に関する新しい背景――コスモポリット的な――に関する問いかけを引き起こすことだろう。

しかし、その前に、私のような人類学者、あるいは一般的にいって社会科学の研究者である者が何において個々の問題にかかわっているのか、そして歓待という問いがどのような様態で私を引き入れているのかを、話しておきたい。私はこの問いを回避することが出来るのだろうか？　私は今日ほかのことを語ることが出来るのだろうか？　最終的に投げかけられるのは、同時代の世界に対するおのおのの関係についての問いである。

私たちは何との、そして誰との同時代人であるか？

望もうと望むまいと、私たちは私たちの同時代の世界の問題によって横断され、変容させられている。あるやり方でまた別のやり方で、私たちはこの世界に対して、またこの世界が用意する未来に対して、弁明を突きつけ、また有用でなければならない。人類学者たち、社会科学の研究者たちは、それに加えて、彼らの知識を生んだ社会に立ち戻ることで有用となる、という義務を負っている。彼らはこの社会に対して恩義がある。彼らは自分たちの研究の問題系を構築するが、それは市民たちが、この世界の中で存在し世界に関与するために問題系を構築するのと同じやり方、つまり市民たちが、同時代の世界のある状態に応答しようとして、また「なにごとかを行おう」として採るのと同じやり方による。哲学者ジョルジョ・アガンベンに「同時代人とは何か？」という短いテキストがあるが、そのテキストは、私を助けて、私たちの心を占有している議論の中に私がいかに関与するかを明らかにしてくれるだろう。彼は次のように書く。

その時代に真に帰属する人、本当に同時代的である人とは、その時代に完全に合致することも、また時代の主張に同調することもなく、この意味で自分を非時代的であるとみなしている人である。しかし、まさにこの理由のために、まさにこの距たりとこの時代錯誤《アナクロニスム》によって、彼はほかの人たちよりも、より良く彼の時代を知覚し把握する能力を持つ。(…)一人の知的な人間が彼の時代を憎むことはあり得る。しかし、いずれにせよ、彼は自分が取り消し難くその時代に属していることを知っている。彼は自分がその世界を逃れられないことを知っている。であるから同時代性とは、彼自身の時代に対する特異な関係であって、時代に対して彼は、距離を取りつつ密着する。つまり、同時代性とはまさしく、ずれと時代錯誤を通して彼に寄り添ってくる時代との関係のことである。(2)

「どんな場所から私は語っているのか」をあなた方に言おうとしつつ、私は関与のあるひとつの形態を擁護する。この形態は、不安によって培養され、脱中心化によって可能になったものである。脱中心化については、方法の点では人類学者たちが担い手となった。形態とはすなわち、それぞれの生と集団的な運命が同時に形成されるのを、そして自己に閉じこもりたいという願望と、自己を開放し他者を発見しようという欲望および必然性とが隣り合っているのを総体として見ることである。また私の戸口にやってくる外国人、彼らを恐れ閉じこもる女たち男たち、それにドアを開けて「入りなさい」と言う女たち男たちを関係の中で見ること、そして最後に、領土および住民の権利とそれらの統治が、あれこれの動きの中で対立しまた支え合うのを見ることである。人類学的なこの視線、それにこの視線を養成する現地での調査から、私は今日あなた方に、次のことを提案したいと考えるに至っている。すなわち、歓待を、コスモポリット性を備えた社会的な形態として再考すること、もっと進んで言えば、コスモポリティックな歓待を再考することである。だがまず私に重要なのは、私以前にそれをした人たちがあることを明らかにし、それがなぜだったかを理解することである。

啓蒙の哲学者であるカントは、なぜ「普遍的な歓待」と「永続的な平和」を一緒に考えたのだろうか？　その背景には、彼の時代つまり十八世紀に起きた危機的な転変があった。彼が生きていたのは、すでに「グローバル化」された世界であって、先立つ三世紀を通して、植民地獲得と、インドの、アメリカの、そしてアフリカの人々とのヨーロッパ人の「出会い」があり、さらに、支配と暴力と虐殺――ヨーロッパによる世界の植民地化がその舞台となった――を伴っていた。だが同様に、相互的な交換と理解の実際の試みも伴っていたし、思考の混血現象もまた存在した。この応答はまさに、惑星の端から端まで一つにして多様である人類《ユマニテ》の中での「永続的な平和」の探求にほかならなかった。その人類とは、理性に勝利を得させることによって戦争を避けることが出来る人類であり、カントの言うところでは、この理性だけが、人間という種属を「国家間の諸関係を性格づけるカオス的な状況から」引き出すことを可能にし、均衡の取れた「コスモポリット的な状況」をつくり出すことを可能にする。[3]「ここで問題になるのは、人類愛ではなく権利である」――歓待の原理による解決に狙いを定めつつ、彼はそのように警告を発した。[4]

ほぼ二世紀の後、つまり二十世紀の初頭、二人の偉大な思想家が、都市のコスモポリティスムを主題とする社会学的な研究に、新たな着想を与えた。ドイツ人のゲオルク・ジンメルとアメリカ人のロバート・エズラ・パークである。コスモポリティスムについての彼らの研究は、別の悪、つまりまさに彼らの同時代の悪に対して応えるようにして浮上した。その悪とは、ジンメルにとってはドイツのナショナリスムであった。彼はのちに「自由に往来する外国人」の形象に関心を持つことになるだろう。この形象は、常に国民というアイデンティティの外側に向いた境界のあたりに現れるために、コスモポリット的である。パークにおいては、悪は合衆国的な人種隔離であった。彼はシカゴという町の観察者であり、都市の中での共同体――一つあるいは複数の都市的な共同体

――を再構築する可能性について調査することのうちで、社会的で倫理的な解体現象に対する答を探そうとしていた(5)。

私たちの惑星が持つ、世界を形成しようとすることの困難は、ナショナリスムと人種差別となって現れたが、これらの悪に対して、一九九〇年代の半ばに、民族的な排外主義の高揚と外国人の受け入れの危機が加わった。後者は、バルカン半島とアフリカの四大湖地方*での相次ぐ危機による人口移動が徴づけるコンテクストの中で引き起こされた。この暴力に直面して、哲学者ジャック・デリダは、古代ギリシア人たちの著作を読み直して歓待の源を見出し、それを「無条件の」ものだったとしたかったようだ。それはさまざまな社会学的研究と哲学の試みが、難民とその受け入れの問題を扱おうとしているときのことだった。デリダは私たちに、外国人について、聖なるものであり、かつ文脈から離脱された表象を提示したが**、そのことは現代社会の只中でこの問題について現場での調査が行われているところでは、擁護しがたいものと私には映った。数年それに先立って、人類学者で、アンダルシアの専門家であるジュリアン・ピット＝

リヴァースは、歓待の最初の掟は、神聖さの啓示ではなく、ある社会学的な必然性に由来するものであることを、すでに明瞭に証明していたからである。(6)

＊　中央アフリカのビクトリア湖を中心とするいくつかの湖の周辺にある国々。とりわけブルンジ、コンゴ、ウガンダ、ルワンダを指す。

＊＊　デリダ（一九三〇—二〇〇四年）は、一九九七年に『歓待について』を刊行している。廣瀬浩司訳、産業図書、のち、ちくま学芸文庫。

そして今日、二〇一五年、二〇一八年、二〇一九年において、私たちはコスモポリティスムの問いとその帰結である歓待について考察を重ねているが、いったいどのような悪に答えようとしているのだろう？　私たちが自分に大切なものとしている可動性《モビリティ》、つまり自分に良いと思えるところに行く自由は、あなたたちや私のような何百万の普通の人間にとって世界的な悲劇となりつつある。また何万人ものほかの者たちにとっては命にかかわるものとなった（二〇〇〇年以降、世界規模では四万人以上が、そしておそらく現在では五万人以上が国境地帯で死んでいる）。地中海、メキシコの砂漠、サハラ砂漠、ベンガル湾は、普遍なるものの墓場となり、地球規模での人類学的な変調を身体をもって証明する場所となった。すなわち人類のある部分は、無視してよく、忘却可能で、聖別されることなく犠牲にされるものとなった。それはまさに、政治的、社会的、あるいは気候上の危機から逃れるために、また単に世界の、つまり世界の全体性の中で労働し、生き、そこに参加するために、可動性がすべての人にとって、望ましいもの、あるいは不可欠なものとなった時のことである。

　人類という全体のもうひとつの部分であるこの部分は、国際的な移動の流れの中に入ることで死の危険を冒すことになるのだが、この部分は、時間、空間、それに文化のどれにおいても単一で等質的であることはない。それは実体として一つである固有のアイデンティティは持たない。それは不安定で、変容し続け、多重的である。それは履歴とコンテキストによって決定されるありかたをしている。しかし、この惑星のある地点から別の地点まで、外国人に関する極端な形象、亡霊のようで、ぞっとさせる形象が出回っている。それはエイリアンの新たな化身であり、絶対的で不可知の外国人の形象である。人間性のこのような影の部分には、ある魅惑がある。この部分は、積極的なやり方で、詩的、映画的、美的な表現を強く惹き寄せる。広く国境に沿った地帯で見られるような、ケチュア族*ふうのシートとテントの下にうち捨てられた人々に関して、数々の美しい映画が作られた。たとえばギリシアとマケドニア間の国境にある二〇一六年のイドメニの町については、マリア・クルクタとニキ・ジャナリの二〇一六年の映画「ヨーロッパに亡霊が取り憑いている」の中で見て欲しい。ビルマと中国の国境にあるタンの町については、二〇一六年のワン・ビンの映画「タン」の中で見て欲しい。それに二〇一五年から一六年にかけての英仏国境地帯のカレーの町については、ニコラ・クロッツとエリザベス・パーシヴァルの二〇一七年の映画「英雄の土地――国境は燃えている」の中で見て欲しい。

* ペルーを中心とする中央アンデス地帯の高地に住む先住民。

だから、魅惑は存在するのだ。そして路傍にうち捨てられたこの他者の幽霊のような表象に対しては、ほかの感情つまり恐怖あるいは同情も、存在する。しかし、そうしたものを越えて、人間性のこの後退を理解する余地が、いや緊急性がある。というのも、この後退は、かくも無名化された「潮流をなす移動民たち」の顔貌と身体を、よりいっそう非人間的に変えようとしており、同時に、私たちに対しては、同時代的であるこの危機を理解することを強く求めているのであるから。

危機の時期における敵意《ホスティリティ》と歓待《ホスピタリティ》

二〇一八年の秋、イタリアの内務大臣であるマッテオ・サルヴィーニは、アクエリアス号（「国境なき医師団」と共同で運行される「SOS地中海」の救難船）が、海上で救助した移動民たちをリビアの国境警備隊に引き渡さないことを、協力の拒否と見なし、次のように結論づけた。「行きたいところに行ってよいが、イタリアには来るな」。私はそこに、二〇〇一年にタンパ号に関してオーストラリアで聞いた言い方が、むしろ強化されてもう一度言われるのを目撃したと、思わずにはいられなかった。この船は、アフガン人の移動民を乗せてこの国の港に接岸しようとしたが、当時の政府の大臣が行った同様の弁明、「好きなところに行きなさい、ただしオーストラリアはだめだ」という弁明によって、太平洋の小さな島へと送り出されてしまったのだった。そこから、移動民たちを島に閉じ込めることを指すのに「太平洋的解決」という逆説的な表現が生まれた。* いやもっと早くに、同じかあるいはほとんど同じ言い方があった。「Not in my backyard 私の裏庭はダメ」という言い方で、NIMBYと略称された。それはロサンゼルスのある種の区域での私有財産保護の運動に際して使われた。この無関心と敵意、つまりは人が死んでいくことの放置を受け入れることが、ヨーロッパ諸政府にとっては、政治的なリアリズムの代わりを果たすことになった。というのも、これらの諸政府は、南方からやって来る敵なる外国人が領土に侵入したことによる苦悩と、それに続く、襲撃を受けた国民が包囲され、「すっかり取り替えられてしまう」かもしれないという不安の餌食になっていたからである。

＊「太平洋」の英語名は Pacific Ocean で、「平和の」の意味がある。

「移動による危機」について語ること、それは状況を破局論議に還元すること、そして政治全体を拙速主義におとしめることである。さらにそれは、この拙速主義を外国人から敵を作り出す政治的戦略に屈従させる危険に還元され、ついには、ヨーロッパの市民に対して、死の苦しみを与える地中海に隣接して生きることを受容させるに至る。けれども、移動民たちが持つ複数性の経験は、持続することを求められ、あらゆる方向への展開を求められ、さらに外国人というあり方も、みずからを拡大することを求められている。私たちの世界は、いっそう可動的になっているし、これからもいっそうその度合いを高めるだろう。そしていっそう多くの外国人を「作り出す」ことだろう。したがって私たちに必要なのは、移動という世界にかかわるこの問いを把握することであり、この世界を調査と公共の討論の対象とすることである。この点こそ、人類学が貢献し得るところである。

世界のうちにあって物質的あるいは法的に不安定な条件で生活し、その可動性を本当に自分で選んだためではなく、政治的、経済的、あるいは環境上の理由で生活の場を放棄させられたために、移動の中に置かれている男たち女たちが、確かにいる。しかし、もし「自分が生まれた国とは別の国に居住する」二億五千万人に較べるなら、彼らはなお少数派でしかない。しかし、彼らの占める割合は増加しており、あらゆる徴候から見て、増加し続けるであろう。それは同時に、グローバル化（それは思いがけない地平を開くが、脆弱な地域のシステムを破壊しもする）の結果であり、また国民国家が世界の現在と未来の絶えざる可動性を引き受けることに繰り返し失敗してきたためである。

本当に新たな事実というのは、したがって移動民たちが歩き回っていることではない。ヨーロッパにおける二〇一五年のピークが、シリア戦争のおかげで現実的には非常に重大であったとしても、である。二〇一六年、一七年、一八年において、諸数字はなんら驚くべきものではなく、一九九〇年代終わりの数値が再度見出されているだけだ。あるのはただ、大部分においてヨーロッパ的な諸政策の、すなわち外国人に対する敵意と恐れに依拠した諸政策の結果である。

ところで、もし近年のヨーロッパ社会を詳細に観察するなら、そこに新たに見出されるものがあるのであって、それは百の単位で数えるほど創設されたなんらかの活動グループと支援団体《アソシエーション》である。ついで、立ち上がった数万あるいは数十万に及ぶ人々である。それらあるいは彼らは、国家が移動民たちに差し出すことができなかった必要品、つまり食料、宿泊所など、あらゆる種類の支援物資を見つけてこようとした。彼らは配布を、歓待の名において行った。反対にこの歓待の行為が見出し得なかったものもあったが、それは政治的な支援であり、したがって、彼らに反対する諸勢力が政治の舞台上で持つのと同じほどに強い可視性であった。可視性をもたらすことを証言の資格とするならば、それだけに還元されるわけではないが、どんな人類学も一つの証言行為ではあり得る。

今日における歓待の諸形態

移動民たちの受け入れに好意的な諸行動を時系列で眺めれば、二十一世紀のヨーロッパの諸社会の只中で、ある変化が起きていることが示される。そこに見られる連帯と歓待の諸形態は、それらの拡がりと関与によって右の諸行動を下から支えつつ、社会的な運動とよりいっそう強く結びつくようになった。これに関してはいくつかの名前が挙げられる。フランスにおいては、イタリア国境に近いロワイヤ渓谷の農業経営者であるセドリック・エローの、ニースの教師また研究者でもあるピエール＝アラン・マンノーニの、あるいは、グランド＝サントの市長であるダミアン・カレームの名前である。イタリアにおいては、リアス地方の村々の名前、市長が滞在許可証の単純かつ即座の廃止を求めたパレルモの町の名前であり、ランペドゥーサの前市長であるジュゼッピーナ・ニコリーニの名前である。またスペインにおいては、バルセロナ市長であるアダ・

コラウの名前である。これらの名前は、歓待に関する新たな物語の先駆者を指し示す。彼ら彼女らは、古くかつ外来の、そして現在の西欧世界では失われてしまったと信じられている、この社会的な形態を再創出する試みの担い手なのだ。フランスにおいて、そしてヨーロッパにおいて、数十万の匿名の人々が立ち上がり、ソーシャル・ネットワークに書き込まれていることであるのだが、「しばらくの間の避難所を求める者たち」を、自分たちの所に、「支援団体《アソシエーション》による保護の枠内で」受け入れた。それは避難申請者たちを保護するという法的な義務を尊重しない「国家に圧力を掛ける」という目的の下になされた。

新たなタイプの複数の出会いが、ヨーロッパ社会を横断する運動によって作り出された。それは、ある政治的コンテキストの中でのことだったが、そこでは歓待という名詞が、連帯という名詞が衰退するのと代わって登場した。このようにして、私的な歓待、すなわち、自分の家に宿泊させることが開始される。ただこの実践は、支援団体《アソシエーション》の枠組みによって支えられ、この枠組みが個人による受け入れに社会的かつ法的な保証を与える。この受け入れは、街頭でのまた支援団体の拠点での食料・衣料の分配、言葉の学習などのグループによる連帯行動の延長として生じた。

この個人による受け入れのあり方は、まず、彼あるいは彼女のおのおのがその国民国家に対して持つ関係の中において、および彼あるいは彼女が市民としてこの国家に期待すべきものとの関係の中において決定される。したがって、今日の歓待において、三つのものの関係が作用している。すなわち、移動民、私たちの国家、それに私たちである。この関係はある面から別の面へと働く相互作用として追求されるが、けれども、私たちの社会システム、とりわけ家族システムは、それに対して準備が出来ていない、あるいは、本当に必要なほどには準備できていない。

こうした諸条件の中での歓待は、ひとつの試練である。この試練は個人的かつ集合的に多大な資財を動員することを求めてくるのであって、支援団体の活動家、宿泊提供者、それに宿泊させて貰う者の間に、さまざまな種類の飽和状態を引き起こすことがある。活動家からは「燃え尽きた」という、宿泊提供者からは「やり過ぎてしまった」という、そして宿泊させて貰った者からは「家族であろうとすることに疲れる」という声が出てくる(7)。

宿泊提供者が単独で行動することはほとんどない。ことはあたかも、生活の仕方の個人化によって残された社会的空白を、家族のサイズの減少を、それにしばしば住居の狭さを、最後に、自分の周辺で直接的に作動し受け入れる人と受け入れられる人を社会的に結びつける「コミュニティ」の不在を埋めねばならないかのようだ。実際、つながりを打ち立て、自宅での受け入れの理由と枠組みを与えるのは、たとえば町という規模でのネットワークを通してつながった支援団体そのものであり、あるいは活動家のグループであり、さらに度合いはずっと少ないが、インターネット上で基本方針を共有している活動組織である。これらの集団とネットワークはコミュニティを作るが、このコミュニティは脆いものだ。支援団体の責任者たちによれば、もっとも重要な目標のひとつは、宿泊提供者を失わないことである。というのも、しばしば束の間のものである連帯の感情の最初の高揚の後、客たちとの間にある関係が形成されるのだが、提供者たちがその関係に落胆したり不安になったりすることがあり得るからだ。逆に言えば、受け入れられるべき人物が尊敬に値するか、精神的に安定しているか、活力を持っているか、そして実際に援助される必要性を持っているかが、彼が客として受け入れられるための重要な指標であり、すなわち条件である。

同じ考え方のうちで、そして実践——望まれてはいるが何らかの制御に服してはいないように見える——をいくらかでも「体系化」するために、支援団体と支援ネットワークは、歓待の関係の枠組みを作ろうとして、ヴァリエーションはあるが最小期間と最大期間を設定することを提起している。場合によるけれども、受け入れごとに四週間から六週間である（一人の移動民についてひとつの支援団体が責任を持つのは、合算して九ヶ月である）。また一ヶ月から六ヶ月のこともあり、最小で四日間である。「宿泊の場所替え turn over」は重要事であって、それが受け入れる側の態勢として、受け入れる一人あたりに動員される人員の数を多く求めることにもなっている。

関係を良好に進行させるために、支援団体は、仲介および制御の役を果たす。ある支援団体は、「場所替え」を、重要な仕事であり続けると考える。それは宿泊提供者の側での「深入りという問題を避ける」ためだ、と責任者たちは言う。ある宿泊提供者たちに対しては、「時に息苦しくなるような鷹揚さをうまく方向づける」ことが、そしてほかの提供者たちに対しては、「受け入れた人たちに質問を浴びせかけないように」と言うことが必要なのだ。

時間が経つとともに、また宿泊提供者とその客の間の関係が形成されるとともに、行政にかかわる問いが、より大きな場所を占め始める。ある人たちは時おり急に、自分が宿泊させている人物は、本当には避難所を求める資格を持っていないのではないかと、疑い始める。けれどもしばしば、移動民がフランスにいることの承認や、彼の法的正当性つまり合法性の問題は、両者の関係そのもののために消え去ってしまう。受け入れられた客に対して、とりわけこの客が未成年者だと見なされるならば、ある心情的な関係が形成され、そのような場合、宿泊提供者は、それが本当に未成年者であるかどうかをもはや疑うことなく、彼を保護し、教育しようと思うことがある。

試練は、宿泊させて貰う者にとってもある。彼らもまた、主人と女主人の生活の中へのこの「闖入」――それは彼らに提案されたのではあるが――によって、また彼らを受け入れた主人と女主人が行う個人的な資財の投入によって、彼らが驚いてしまうこともある。だが宿泊の提供を受けることで、彼らが不安定さ、街頭、キャンプ地から出ることが可能になったとしても、彼らは、彼ら自身のことを語ってほしい、という命令を恐れ、しばしばうんざりする。彼らの言によれば、彼らはしばしば、「家族あつかいに疲れ」てしまう。すなわちたえず主人を変えねばならず、関係を作り直さねばならず、自己紹介をしなければならないことに疲れてしまうのだ。支援団体からの「後見人」は、受け入れられて家族から家族へと渡り歩く者に付き添う。別の条件下では、つまり小さな町あるいは村などでは、未成年であれ成年であれ、移動民の個別の世話は、代父という形態*の下になされる。一人の住民が、自治体の委員会のメンバーの指導のもとに、代父あるいは代母とされるのである。

＊　洗礼の立ち会い者のことであって、宗教的な意味合いがあるが、保証人の役割を持つ。

現在という時代のコンテクストの上で、歓待に関するこれらの短い覚え書は、非常に部分的なものであって、ただいくつかの指標を提示することを目指している。その上でなら、ヨーロッパでは、不安定な状況にある移動民や亡命者に対する住民たちの連帯行動の高まりとともに、歓待へのさまざまな形態を取った回帰を見ることが出来る。これらの回帰の中で、ほかの土地で、また過去において見られたような後見制度、代父制度、また歓待の範囲は、家庭という時間と空間の中に置かれて作り直されることになった。今日では、内部で共感、憤り、それに政治的な批判が混じり合いながらも、人と資財を動員する体制が生まれつつある。歓待は、いくつかの社会に見られる交換と再生産一般のための本質的に社会的な形態であって、儀礼的で、馴化され、秩序立てられて実践されるが、私たちは、そのような実践から遠いところにいる。歓待の今日的な行為は、明らかに「主意的」なものであって、個人的な関与行為として引き受けられ、国家の怠慢、それにこの怠慢がかき立てる「恥」と「憤り」の感情を正すことを伴っている。

歓待の行為が今日表象するこれらの試練の総体に対して、以下のような不釣り合いが付け加えられる。すなわち、連帯による個々の宿泊提供は、人口移動による世界的な不安定という大海に対しては、注がれる一滴の水にすぎないのだ。その上、「私的な」歓待の実践は、受け入れられる人々にとってと同様に受け入れる人々にとっても、しばしば曖昧で、困難で、問題の多いものであることが明らかになってくる。

私たちは、私的な領域の持つ容量と社会的有効性の限界に、より一般的には地域という規模の限界に、はやばやと達しつつある。けれども、もし私的な歓待が変化したとするなら、それはまず私的な世界が変化したからであり、歓待の行為が、社会性の諸形態とひろく混じり合って社会的な明証性を持つ現象であったことから、情念的、倫理的、あるいは政治的な参加と資財の投入によって決定される、主意的で個人的な態度へと変化したからである。

善意から権利へ

現代の歓待は、みずからを発展させつつ、そしてみずからを強化しつつ、確かに、新たな形態と新たな意味を持つことになるだろう。この形態と意味は、人類学的で哲学的な伝統と関係を持つけれども、その伝統が語ることとは区別されるものになるだろう。今日の諸社会は、かつてよりも個人化され、小さくなって、客人——遠くのであれ近くのであれ——のために「供する」べき空間・時間・資源をより少なくしか持たなくなったが、歓待は、社会的な動員という形態を取って、そのような社会を甦らせ再活性化しにやってくる。今日の歓待が明らかにしたのは、個人的な歓待の実践——自発的で、倫理的で、「無条件のもの」としてひろく行われた——を安全にし、統合し、それらに意味を与えることができるような、諸関係の枠組みが欠如しているという事態である。異なった社会性を持つ諸世界の間で「重なり合い」と開放の社会的な形態（内部的なまた外部的な、私的なまた公的な）を再現するやり方が多くあって、そしてそれらの形態が歓待をひろく特徴づけているとしても、革新をもたらすやり方はほかにもある。であるからには、支援団体《アソシエーション》による世界は、受け入れ行為を作動させようとしてみずからを発展させることで、欠落している環の役割を引き受ける。この環は、「私たち」とその他者たちの間に取り残された空虚を、限定付きの私的な世界を媒介して埋め、あるいは、何人かの宿泊提供者の言い方によるなら、「これまで眠らされてきた」社会的連帯の網の目が存在していることを明らかにする。

これらの地域的な実践――家族による、支援団体による、またコミュニティによる、等々――の中で、歓待は諸行為の総体であって、この総体はついには、常に国民的《ナショナル》である領土と想像力の中で実践される政治を攪乱するに至る。この歓待は、社会科学あるいは哲学の中でしばしば主張されていることとは反対に、その本性からして政治に対して二律背反的ではない。けれども、歓待の政治、あるいは歓待の中の政治とはどんなものだろう？

第一には次のことである。この歓待は、それが提供されるコンテクストと紛争の状況に依存する。今日のヨーロッパにおいて、たとえば歓待や受け入れ、避難都市*などについて語るなら、どうしても、ただちに国境の閉鎖、移動民の送還、不衛生なキャンプ地、排外主義的キャンペーン、またあれこれのカテゴリーあるいは国籍の外国人に対する入国禁止措置を思い浮かべるだろうし、さらにこれらの受け入れの形態がまるごと引きずり込まれている政治的論争を思い浮かべるだろう。分かってもらえるだろうが、歓待の政治あるいはその射程とは、アイデンティティなるものについての、領土なるものについての、あるいは人権なるものについての国民的《ナショナル》な想像力を攪乱することなのだ。

* 原語は villes refuges、英語では sanctuary city（聖域都市）で、古代より政治的また宗教的に迫害された人々を受け容れる都市がそう呼ばれたが、現在では、移動民を国家とは別のやり方で遇しようとする都市や地域共同体がこの名前で呼ばれる。ヨーロッパでは、本書一四四頁で挙げられている都市などが該当する。

第二には次のことである。私が先に挙げた三者の関係からは、葛藤が生まれるのであって、一人の移動民を受け入れる行為に関するどの決定もが、自分の国家から向けられる敵意に対して、あるいは行動へのその拒否に対して感じる不和と連動している、ということだ。強調しておくべきだが、このような様態での政治化の中で、政府に対して不満を持つということは、私たちがなお統治機構から何かを期待しているということを意味する。政治的な意味がもうひとつやってくる。それは、歓待とは別の生き方の徴候だ、ということから来る。その生き方とは、さほど都市的でなく、さほど個人化しておらず、政治的言説と統治機構から来る命令に対してさほどこだわらないという生き方である。そこにあるのは媒介によらない政治の徴候であって、この政治の中では、連帯に関するいくつかのほかの原則が、自分たち自身に対して、そしてその「コミュニティ」(ネットワーク、村、街区等)に対して、適用される、遠くにあって、敵対的で、国民《ネーション》、アイデンティティ、領土等の防衛に専念する統治機構によって防御される諸原則から遠く離れて……。

主人側の社会の変化は重要である。けれども、移動民の視点からは、歓待は、かつてのように今日でもなお、ひとつの善意であり続けている。受け入れられる女たち男たちにとって、それは非対称的な交換であり、その中では、客人と主人は、同時には平等であり得ない。また通りすがりの外国人は、いつの時でも、その権利不在の状態へと差し戻される危険がある。それは彼を受け入れる主人の機能低下によるかもしれないし、また国家の敵意によるかもしれない。後者は、あれこれの理由から、彼を国民的な領土から追放したがるだろう。

移動民の視点からすると、ある国から別の国へと導く罠だらけの街道に沿って彼らが進むとき、彼らを決定的に救うであろうものは、歓待の義務ではない。彼らを救うのは歓待への権利である。この後者の権利を存立させるために、コスモポリティックな枠組みの中での歓待の権利というものがある。ある者たちの義務から他の者たちの権利へと移行することは、普遍的な歓待――それのためにここ数年来社会は広く動員されてきたが、諸政策の不足に応えるにはまったく至っていない――を、権利についての規準――どの外国人も敵として扱われない権利を持つということをあらかじめ提起する――の方へと転位させることのうちに存するだろう。この表現は哲学者カントに拠るが、私たちは今、彼の方へと立ち戻ろう。それはコスモポリット性の機能としての歓待の権利があり、それは、国民という段階に「対抗させることが可能な」権利があるということである。

私たちは知っているし、また予想も出来るのだが、ほかの主題の場合（とりわけ気候の問題の場合）[8]と同じく、この主題に関しても、もろもろの国民国家はいちばん後で辿り着く。つまり、地域的でもあれば国民的でもある市民社会のあとで、研究者たちのあとで、最初の当事者たちと移動民たちのあとで、それは辿り着く。コスモポリット的で実践的な視野のうちでは、この権利はモラルなるもの（あるいは争いあっている複数のモラル）の上に位置して、普遍的な原則を構築する、と私たちは考えることができる。ではどんな形態の下にだろう？　議論と人々の動きは無数である。「可動性への普遍的権利」（カトリーヌ・ウィトル・ド・ウェンデン）、「歓待の法的原理」（ミレイユ・デルマス＝マルティ）、「歓待の権利」（エティエンヌ・バリバール）、「交通の自由」（ミグルユロップ）、ほかにも多数の標語があるが、それらは、「権利の普遍性」は前もって完全なやり方で与えられるものでない、ということを明らかにする。現今の紛争[9]の只中で、ひとつの地平が構築されてくる。この地平は、なおあり得べきものにとどまっているが、外国人に向けられる視線を覆し、善意から権利への移行を可能にする。そして私たちの惑星を、あり得べき共通の世界として考え始めることをも可能にする。

原注

（1）このテキストは、二〇一八年九月二十六日にマルセイユのMusem（Musée des civilisations de l'Europe et de la Méditerranée ヨーロッパ・地中海文明博物館）でなされた講演を元にしている。これは「追放――今日ここにいること」二〇一八年九月二十六―三十日）と題された企画の開講講演だった。テキストは、『到来する外国人――ホスピタリティを再考する』、Paris, Seuil, 2018という著書の中で展開された議論の一部を再収録している。

（2）Giorgio Agamben, *Qu'est-ce que le contemporain ?*, Paris, Payot, 2008, p. 9〔「同時代人とは何か?」岡田温司・栗原俊秀訳『裸性』平凡社、二〇一二年〕.〔フランス語テキスト

に注が付され、引用元あるいは参照先が示されているが、邦訳のないフランス語文献の場合は、フランス語のままで示す〕

（3） Immanuel Kant, *Idée d'une histoire universelle d'un point de vue cosmopolitique* (1784), Paris, Folio Gallimard, 2009, p.26-27〔福田喜一郎訳「世界市民的見地における普遍史の理念」『カント全集14』岩波書店、二〇〇〇年〕, et *Vers la paix perpétuelle. Esquisse philosophique* (1795), Paris, Flammarion, 1991〔『永遠平和のために』〕. Voir également Tzvetan Todorov, *La Conquête de l'Amérique. La question de l'autre*, Paris, Seuil, 1982〔及川馥ほか訳『他者の記号学――アメリカ大陸の征服』法政大学出版局、一九八六年〕.

（4） *Vers la paix perpétuelle, op. cit.*〔前掲『永遠平和のために』〕

（5） Louise Carlier, « Les apports de Robert Park pour une approche sociologique du cosmopolitisme », *EspacesTemps.net,* Travaux, 31-8-2016. Sur l'approche de Georg Simmel voir aussi Gérôme Truc, « Simmel, sociologue du cosmopolitisme », *Tumultes*, n° 24, 2005, p. 49-77.

（6） Julian Pitt-Rivers, *Anthropologie de l'honneur. La mésaventure de Sichem* (cf. chapitre 5, « La loi de l'hospitalité », p. 149-175), Paris, Le Sycomore, 1983 (édition originale 1977).

（7） Je m'appuie ici sur l'enquête collective sur l'hospitalité menée dans le cadre du programme *Babels - « La ville comme frontière »* (EHESS et Agence Nationale de la Recherche, 2016-2019).

（8） Voir Mireille Delmas-Marty, *Résister, responsabiliser, anticiper*, Paris, Seuil, 2013.

（9） Danièle Lochak, *Face aux migrants : Etat de droit ou état de siège ?* (entretien avec Bertrand Richard), Paris, éditions Textuel, 2007, p.59.

訳者あとがき

最後に訳者の事情を書きとめておくのを許していただきたい。私は人類学や社会学の専門家ではなく、ただの文学研究者である。解釈や訳に間違いがあれば、宥恕をお願いしたい。この本は、著者の名前も知らず、フランスの書店の店先でたまたま手にしたのだが、一読して大変面白く感じた。というのは、私は文学研究者として、自分たちの時代の文学や芸術において、空間にずれが生じ、不安定化し、重なり合いまた相互に嵌入し合ったりしているのではないか、そしてその動きは同時代の社会の動きと呼応しあっているのではないか、という関心を抱き続けてきたが、この書で描き出される、移動する人々によって国民国家という秩序――いちばん広範に思想と感受性を規制する――が攪乱されていくありさまは、そのような私の関心に遠くから示唆を与えるものであるように感じられた。それを確かめようと、畑違いの領域の書物の翻訳に手を出すこととなったが、この共通性の直観は正しかったと思う。現代日本のある作家は彼の登場人物に、〈生きる上で意味を持つのは、他人との出会いだけだ。そして、移動しなければ出会いはない。移動が、すべてを生み出すのだ〉（村上龍『歌うクジラ』、二〇一〇年）と言わせたが、その言葉は確かに、現実において移動する人々の姿と響き合う。この出会いのうちでアイデンティティは相対化され、空間は複層をなし、さらに多様なものとなって行くのだろう。

読書会及び授業でこれをテキストに用いて、それによる検証が訳を作るのにたいへん役だった。参加してくれた小林準、三戸美優、久由美子、福山智の友人諸氏・学生諸君への感謝を、また有効な助言を頂いた藤原書店の藤原良雄、刈屋琢の両氏への感謝を記しておきたい。

二〇一九年六月

吉田　裕

Mathilde Pette, « Les associations dans l'impasse humanitaire ? », *Plein droit*, n° 104, 2015, p.22-26.

Claire Rodier (avec la collaboration de Catherine Portevin), *Migrants et réfugiés. Réponses aux indécis, aux inquiets et aux réticents*, Paris, La Découverte, 2016.

Abdelmalek Sayad, *La Double Absence*, Paris, Seuil, 1999.

Camille Schmoll, Hélène Thiollet et Catherine Wihtol De Wenden(dir.), *Migrations en Méditerranée*, Paris, CNRS Éditions, 2015.

Alfred Schütz, *L'Étranger. Un essai de psychologie sociale* (1944), suivi de L'Homme qui rentre au pays (1945), Paris, Allia, 2010.

Johanna Siméant, *La cause des sans-papiers*, Paris, Presses de Sciences Po, 1998.

Georg Simmel, « Métropoles et mentalité » (1903), *in* Yves Grafmeyer et Isaac Joseph, *L'École de Chicago*, Paris, Aubier, 1984, pp.61-77.〔「大都会と精神生活」川村二郎編訳『ジンメル・エッセイ集』平凡社、1999年〕

Alain Tarrius, *Étrangers de passage: poor to poor, peer to peer*. La Tour d'Aigues, éditions de l'Aube, 2015.

Étienne Tassin, *Un monde commun, Pour une cosmo-politique des conflits*, Paris, Le Seuil, 2003.

Gérôme Truc, « Simmel, sociologue du cosmopolitisme », *Tumultes*, n° 24, 2005, p.49-77.

参考文献

Michel Agier, *La condition cosmopolite*, Paris, La Découverte, 2013.

Karen Akoka, « L'archétype rêvé du réfugié », *Plein droit*, n° 90, octobre 2011.

Étienne Balibar, *Les frontières de la démocratie*, Paris, La Découverte, 1992.

Zygmunt Bauman, *Les conséquences humaines de la mondialisation*, Paris, Hachette, 1999 (édition originale 1994).〔澤田眞治・中井愛子訳『グローバリゼーション』法政大学出版局、2010年〕

Ulrich Beck, *Qu'est-ce que le cosmopolitisme?* Paris, Aubier, 2006.

Norah Benarrosh-Orsoni, *Des maisonnées transnationales. Une migration rom dans ses routes, lieux et objets entre la Roumanie et la France*, Université Paris Ouest Nanterre-La Défense, 2015.

Sylvie Bredeloup, *Migrations d'aventures. Terrains africains*, Paris, Comité des Travaux Historiques et Scientifiques, 2014.

Dana Diminescu, "The connected migrant: an epistemological Manifesto", *Social Science Information*, Vol 47, n° 4, p. 565–579.

Emile Durkheim, *De la division du travail social* (1893), Paris, PUF, 2013.〔『社会分業論』〕

Nina Glick Schiller and Andrew Irving eds., *Whose Cosmopolitanism? Critical Perspectives, Relationalities and Discontents*, Oxford, Berghahn books, 2014.

Maurice Godelier, *L'Énigme du don*, Paris, Fayard, 1996.〔山内昶訳『贈与の謎』法政大学出版局、2000年〕

Emmanuel Kant, *Vers la paix perpétuelle* (1795), Paris, Flammarion, 1991.〔『永遠平和のために』〕

Claude Lévi-Strauss, « Introduction à l'œuvre de Marcel Mauss », in M. Mauss, *Sociologie et anthropologie* (1950), Paris, PUF, 2004.〔「マルセル・モース論文集への序文」、M・モース『社会学と人類学 I 』弘文堂、1973年〕

Seloua Luste Boulbina, « La décolonisation des savoirs et ses théories voyageuses », *Rue Descartes*, 2013/2, n° 78, p. 19-33.

Marcel Mauss, *Essai sur le don* (1923-1924), Paris, PUF, 2012.〔『贈与論』〕

著者紹介

ミシェル・アジエ（Michel Agier）

1953年生。人類学者。フランス・社会科学高等研究院（EHESS）教授・研究主任、および開発研究所（IRD）特例クラス研究主任。関心領域は、人的グローバル化、難民、都市の周辺生活者。西アフリカおよびラテンアメリカでのフィールドワーク調査を経て、アフリカ、中東、ヨーロッパにおいて、移民・難民に関わる個人・共同研究に携わる。

英語・フランス語での近著として、*L'étranger qui vient. Repenser l'hospitalité* (Paris, Seuil, 2018), *The Jungle. Calais's Camps and Migrants* (et alii) (Cambridge, Polity Press, 2018), *Borderlands. Towards an Anthropology of Cosmopolitan Condition* (Cambridge, Polity Press, 2016), *Managing the Undesirables: Refugee Camps and Humanitarian Government* (Cambridge, Polity Press, 2011) など（いずれも未邦訳）。

訳者紹介

吉田 裕（よしだ・ひろし）

1949年生。早稲田大学法学部教授。早稲田大学大学院文学研究科仏語仏文学専攻修士課程修了。
著書に『詩的行為論』（書誌山田、2018年）『「死者」とその周辺』（バタイユ『死者』と『ジュリー』の翻訳と解説、書誌山田、2014年）『バタイユ——聖なるものから現在へ』（名古屋大学出版会、2012年）『詩と絵画——ボードレール以降の系譜』（丸川誠司編、共著、未知谷、2011年）、訳書にバタイユ『聖なる陰謀』（監訳、ちくま学芸文庫、2006年）他。

移動《いどう》する民《たみ》——「国境《こっきょう》」に満《み》ちた世界《せかい》で

2019年8月10日　初版第1刷発行©

訳　者　吉　田　　裕
発行者　藤　原　良　雄
発行所　株式会社　藤　原　書　店

〒162-0041　東京都新宿区早稲田鶴巻町523
電　話　03（5272）0301
FAX　03（5272）0450
振　替　00160－4－17013
info@fujiwara-shoten.co.jp

印刷・製本　精文堂印刷

落丁本・乱丁本はお取替えいたします
定価はカバーに表示してあります

Printed in Japan
ISBN978-4-86578-232-5